UTB **2094**

**UTB FÜR WISSEN SCHAFT**

**Eine Arbeitsgemeinschaft der Verlage**

Wilhelm Fink Verlag München
A. Francke Verlag Tübingen und Basel
Paul Haupt Verlag Bern · Stuttgart · Wien
Hüthig Fachverlage Heidelberg
Verlag Leske + Budrich GmbH Opladen
Lucius & Lucius Verlagsgesellschaft Stuttgart
Mohr Siebeck Tübingen
Quelle & Meyer Verlag Wiesbaden
Ernst Reinhardt Verlag München und Basel
Schäffer-Poeschel Verlag Stuttgart
Ferdinand Schöningh Verlag Paderborn · München · Wien · Zürich
Eugen Ulmer Verlag Stuttgart
Vandenhoeck & Ruprecht Göttingen und Zürich
WUV Wien

Heinz Bach

# Grundlagen der Sonderpädagogik

Verlag Paul Haupt
Bern · Stuttgart · Wien

*Heinz Bach* Prof. Dr., geboren 1923 in Berlin, Studium der Pädagogik, Sonderpädagogik, Psychologie, Philosophie, Soziologie und Kunstgeschichte in Braunschweig, Hannover, Hamburg und Zürich. Prüfung für das Lehramt an Volks- und Sonderschulen, Analytischer Kinder- und Jugendlichen-Therapeut. Lehrer an Volks- und Sonderschulen, Erziehungsberater, Professor für Sonderpädagogik an der Universität Mainz. Vorsitzender der Vereinigung Deutscher Psychagogen (Analytischer Kinder- und Jugendlichen-Therapeuten), Mitglied des Fachausschusses «Hilfen für Behinderte» des Deutschen Vereins für öffentliche und private Fürsorge, Mitglied des Ausschusses Sonderpädagogik des Deutschen Bildungsrates, Mitglied der Senatskommission für Erziehungswissenschaft und Sprecher des Arbeitskreises «Sonderpädagogik» der Deutschen Forschungsgemeinschaft. Zahlreiche Buch- und Zeitschriftenveröffentlichungen, Mitherausgeber des Handbuches der Sonderpädagogik.

Vorliegende Schrift ist unter dem Titel «Theorie der Sonderpädagogik» 1999 als Kurseinheit der Fernuniversität Hagen - Gesamthochschule Hagen, Fachbereich Erziehungs-, Sozial- und Geisteswissenschaften, erschienen.

Die Deutsche Bibliothek – CIP-Einheitsaufnahme

*Bach, Heinz:*
Grundlagen der Sonderpädagogik /
Heinz Bach. –
Bern ; Stuttgart ; Wien : Haupt, 1999
(UTB für Wissenschaft : Uni-Taschenbücher ; 2094 : Kleine Reihe)
ISBN 3-8252-2094-X (UTB)
ISBN 3-258-06004-5 (Haupt)

Alle Rechte vorbehalten
Copyright © 1999 by Paul Haupt Berne
Jede Art der Vervielfältigung ohne Genehmigung des Verlages ist unzulässig
Printed in Germany

ISBN 3-8252-2094-X (UTB-Bestellnummer)

# Vorwort

Vorliegende Schrift soll
- einen Überblick über das Gesamtgebiet der Sonderpädagogik,
- über ihren Umfang,
- ihre innere Struktur,
- ihre Aussenbezüge,
- ihre Grundsachverhalte,
- ihre Grundprobleme und
- ihre Prinzipien vermitteln.

Insbesondere sollen die Komplexität der im Blickfeld stehenden Probleme und die Differenzierungserfordernisse der pädagogischen Überlegungen und Massnahmen erörtert werden.

Dabei wird das Besondere
- der anstehenden Problemlagen,
- der Ziele,
- der Handlungsformen und
- der Organisationsformen der Sonderpädagogik ausgewiesen und begründet.

Die sich auf diesem Wege anbahnende fundamentale Neuorientierung der Sonderpädagogik ist dazu angetan, weitreichende Konsequenzen auch für die Praxis nach sich zu ziehen.

Neben den im Zentrum der Überlegungen stehenden Erörterungen der Kapitel 2-5 sollen die im Eingangskapitel skizzierten Themen ohne ausführliche Diskussion lediglich die zugrunde gelegten Positionen signalisieren.

Intention dieser Schrift ist es, einen möglichst strengen, konzentrierten Denkprozess anzuregen. Daher wird - unter Verzicht auf Abschweifungen, Esoterik, Lyrik, vokabulative Abgehobenheit, Modernismen und Polemik - auf weitmögliche Allgemeinverständlichkeit

Wert gelegt und - wo angebracht - durch Beispiele das in strengen Begriffen Erörterte illustriert.

Die im einzelnen begründeten Leitmotive des Denkprozesses sind die Ernstnahme der beeinträchtigten Menschen, ihre Beteiligung an ihren Entwicklungsprozessen und die Hoffnung, ihnen durch die gedanklichen Klärungen eine verbesserte Assistenz, eine wirksame Handreichung bieten zu können.

# Inhaltsverzeichnis

1. **Sonderpädagogik als Wissenschaft** ................................. 1
   1.1 Zum Begriff „Sonderpädagogik" ................................. 1
   1.2 Umfang der Sonderpädagogik ................................... 2
   1.3 Sonderpädagogik als Teildisziplin der
       Allgemeinen Pädagogik ........................................ 4
   1.4 Funktionen der Sonderpädagogik ............................... 5
   1.5 Vorgehensweisen der Sonderpädagogik ........................... 6
   1.6 Zur Wissenschaftlichkeit der Sonderpädagogik .................. 7
   1.7 Sonderpädagogik als Dialog .................................... 8

2. **Besondere Problemstellung der Sonderpädagogik** ............ 11
   2.1 Die Grundgegebenheiten ....................................... 11
   2.2 Die Grundkomponenten und ihre negativen
       Abweichungen ................................................ 13
       2.2.1 Die individuale Disposition ........................... 13
       2.2.2 Die Erlebens- und Verhaltensbedingungen ............... 18
       2.2.3 Die Umfeldanforderungen ............................... 21
       2.2.4 Exkurs: Negative gesellschaftliche
             Einflussformen ........................................ 25
   2.3 Beeinträchtigung als relationaler Sachverhalt ................ 27
   2.4 Kriterien für die Besonderheit von Problemlagen .............. 30
   2.5 Komplexität und Dominanzen von Beeinträchti-
       gungen ...................................................... 32
   2.6 Grade von Beeinträchtigungen ................................. 34
       2.6.1 Behinderungen ......................................... 36
       2.6.2 Störungen ............................................. 38
       2.6.3 Gefährdungen .......................................... 40
   2.7 Beeinträchtigung als Prozess ................................. 44
   2.8 Zur Häufigkeit von Beeinträchtigungen ........................ 45

2.9 Beeinträchtigung als sonderpädagogisches Problem .................... 48
    2.9.1 Relativität von Sonderpädagogik ............... 48
    2.9.2 Wertorientierung der Sonderpädagogik ................ 51
    2.9.3 Legitimation der Sonderpädagogik ................ 52
    2.9.4 Sonderpädagogik und ihre Nachbardisziplinen ...... 57

## 3. Besondere Ziele der Sonderpädagogik ............. 65
    3.1 Zum Begriffsfeld ................ 65
    3.2 Zur Funktion von Erziehungszielen .................. 66
    3.3 Erfordernis der Wertentscheidung ................ 68
    3.4 Zur Methode der Zielermittlung ................ 69
    3.5 Kriterien der Zielbestimmung ................ 70
        3.5.1 Die Grundentscheidung ................ 70
        3.5.2 Zieldifferenzierung ................ 72
        3.5.2.1 Bereich der individualen Disposition .............. 74
        3.5.2.2 Bereich der Verhaltens- und Erlebensbedingungen ................ 76
        3.5.2.3 Bereich der Umfeldanforderungen ............. 78
        3.5.2.4 Integration als besondere Zielperspektive ............. 80
    3.6 Zur Notwendigkeit der Zielbegründung .................. 83

## 4. Besondere Handlungsformen der Sonderpädagogik ......... 85
    4.1 Diagnostik ................ 86
    4.2 Zielabklärung ................ 90
    4.3 Substitution ................ 93
    4.4 Kompensation ................ 94
    4.5 Prävention ................ 96
    4.6 Exkurs: Methoden der Gesellschaftsbeeinflussung ........ 98
    4.7 Subvention ................ 101
    4.8 Beratung ................ 103
    4.9 Beziehungen und Haltungen ................ 105
    4.10 Sonderpädagogische Prinzipien ................ 112

4.11 Das Besondere und das Regelhafte ............................. 114
4.12 Sonderpädagogik und Therapie ................................. 115
4.13 Kooperation ............................................................. 123

## 5. Besondere Organisationsformen der Sonderpädagogik . 131
5.1 Differenzierungserfordernis......................................... 131
5.2 Besondere Organisationsformen ................................. 133
5.3 Spezielle Einrichtungen .............................................. 138
    5.3.1 Sonderpädagogische Beratungsstellen............... 138
    5.3.2 Kindergärten Kindergarten ................................ 139
    5.3.3 Schulen............................................................... 140
    5.3.4 Einrichtungen der Sekundarstufe II..................... 142
    5.3.5 Einrichtungen der Erwachsenenbildung ............. 143
    5.3.6 Heime 144
5.4 Der Vorrang integrierter Organisationsformen ............ 145
    5.4.1 Wirkungschancen der Integration als Organisationsform................................................. 145
    5.4.2 Gefährdungen der Integration............................. 148
    5.4.3 Entwicklungsbedingungen der Integration ......... 151
    5.4.4 Desintegrative Zentren ...................................... 153
5.5 Die Sonderpädagogik im Gesamtsystem der Eingliederungshilfen .................................................... 156
    5.5.1 Binnendifferenzierung der Sonderpädagogik ....... 156
    5.5.2 Aussenbezüge der Sonderpädagogik ................... 158

**Literaturverzeichnis**..................................................................**161**

**Stichwortverzeichnis**................................................................**167**

# 1. Sonderpädagogik als Wissenschaft

## 1.1 Zum Begriff „Sonderpädagogik"

Wenn hier von „Sonderpädagogik" die Rede ist, so bedarf es einer begrifflichen Vorbemerkung: Die Bezeichnung Sonderpädagogik konkurriert mit einer Reihe anderer Begriffe: Heilpädagogik, Behindertenpädagogik, Rehabilitationspädagogik, Orthopädagogik, Spezialerziehung, Sondererziehung, Heilerziehung, Therapeutische Erziehung, Förderpädagogik, Integrationspädagogik bis hin zur Doppelbezeichnung Sonder- und Heilpädagogik.

All diese Bezeichnungen sind wegen gewisser Mängel unbefriedigend: teils suggerieren sie eine Begrenzung des Handlungshorizonts auf Kinder und Jugendliche (Pädagogik = Knabenführung), teils artikulieren sie eine bestimmte Art der Aktivität (Erziehung, Führung, Förderung), die mit guten Gründen problematisierbar ist, teils versprechen sie mehr als oft zu erhoffen ist (Heilung, Rehabilitation), teils geben sie zu Missverständnissen Anlass (Heilen, Therapie als weitgehend medizinisch besetzte Termini).

Offenbar fehlt ein Terminus, der Förderung im Sinne einer gezielten Einflussnahme formaler und inhaltlicher Art aktionsneutral kennzeichnet. Diesen gilt es nach wie vor zu finden oder zu erfinden, um die Handlungsintention und -methode hinreichend komplex und treffend zu kennzeichnen und zugleich abzuheben von benachbarten Bemühungen (etwa medizinischer oder sozialer Art).

Beim gegenwärtigen Stand der Diskussion soll hier die Bezeichnung „Sonderpädagogik" gewählt werden,
- weil sie auf das Besondere, d.h. vom Regelbereich Abweichende der pädagogischen Ausgangslage und auf entsprechende besondere Aufgaben und Verfahren hinweist,
- weil sie nicht von anderen Disziplinen beansprucht wird,

- weil sie dabei offen ist für unterschiedliche Problem- und Handlungsakzente und dementsprechend keine einseitigen Positionen bezieht und keine thematischen Einengungen vornimmt,
- weil sie keine problematischen Versprechungen („Heilung" usw.) enthält und
- weil sie nicht von vornherein auf bestimmte Personen (z.B. „Behinderte") konzentriert ist und insofern weniger Anlass gibt, zu Stigmatisierungen beizutragen, obgleich sie - wie jede andere Bezeichnung auch - missverstanden und diskreditiert werden kann, wie entsprechende historische Hypotheken zeigen.

Problematischer als der immerhin sachlich stimmige Begriffsbestandteil „Sonder" ist die Akzentuierung der Handlungsspezifität als „Pädagogik". Weder ist der hier gemeinte Sachverhalt auf „Knaben" begrenzt noch ist die Handlungsrichtung auf traditionelle Formen des Erziehens eingeengt.

Zur Hervorhebung, dass es um Menschen geht und um Einflussnahmen, die verschieden von medizinischen oder von rein sachlichen Massnahmen sind, bietet sich statt des Begriffs „Pädagogik" der Begriff „Förderung" an, so dass - etwas ungewohnt und umständlich - begrifflich treffend von „besonderer Förderung" gesprochen werden könnte, obgleich auch „Förderung" etwa als Gängelung diskreditierbar wäre.

*„Sonder" soll hier ausdrücklich das über das Übliche Hinausgehende, das Zusätzliche, das gemäss der besonderen Sachlage Differenzierende bezeichnen.*

## 1.2 Umfang der Sonderpädagogik

Sonderpädagogik befasst sich mit der Erziehung
- bei allen Formen von Beeinträchtigung,
- bei allen Graden von Beeinträchtigung,
- in allen Lebensaltern und

- in allen Lebensbereichen bzw. Institutionen.

Im Unterschied hierzu erstrecken sich die differentiellen Sonderpädagogiken auf Teilgebiete wie Pädagogik bei Körperbehinderung, Verhaltensauffälligkeiten usw. oder aber auf bestimmte Teilbereiche wie Frühförderung, Altenförderung, Sonderschulpädagogik, Sonderfamilienpädagogik.

Für die Bemühung um eine alle Teilgebiete umgreifende Sonderpädagogik sprechen folgende Gründe: Eine isolierte Sichtweise bestimmter Beeinträchtigungen führt allzu leicht zu einem Übersehen möglicher andererweitiger Probleme und ihrer Beziehungsgeflechte (so etwa der Zusammenhänge zwischen kognitiven und motorischen Schäden oder zwischen somatischen Schäden und sozialen Benachteiligungen).

Sonderpädagogik als umfassende Disziplin schliesst also die traditionellen sog. Behindertenfachrichtungen ebenso wie die verschiedenen Tätigkeitsbereiche ein und ist keineswegs etwa nur auf Sonderschulen beschränkt.

Die allzu strenge Konzentration auf bestimmte Grade von Beeinträchtigung kann einerseits unversehens zu einer folgenschweren Ausgrenzung schwerster Beeinträchtigungen (z.B. schwere geistige Behinderung) und andererseits zum Übersehen vorliegender Aufgaben bei weniger gewichtigen Problemlagen (z.B. bestimmter Verhaltensauffälligkeiten oder Sprachstörungen) und namentlich zu einer Vernachlässigung der Vorbeugung führen.

Streng genommen ist „Behindertenpädagogik" nur ein Teil einer komplexer verstandenen Sonderpädagogik, die nicht auf bestimmte Schweregrade von Beeinträchtigungen reduziert ist.

Eine Begrenzung der Aufmerksamkeit auf bestimmte Lebensalter - etwa auf Kinder und Jugendliche - kann auf der einen Seite den Blick für problemfundierende Vorstufen und auf der anderen Seite für anstehende Förderaufgaben hinsichtlich des weiteren Weges verstellen. Ferner ist von der Dienlichkeit der hinsichtlich eines Lebensalters gewonnenen Erkenntnisse und Erfahrungen für die vorausgehenden und nachfolgenden Altersstufen auszugehen.

Sonderpädagogik im hier zugrunde gelegten Sinn ist darum nicht auf Kinder und Jugendliche beschränkt, sondern umfasst auch die entsprechenden Probleme bei Erwachsenen und Alten.

Ähnliches wie für die Lebensalter gilt auch für die Lebensbereiche bzw. Institutionen. So erweist sich eine Einschränkung von Sonderpädagogik auf Sonderschulpädagogik als folgenschwer, indem die vielfältigen vor-, neben- und nachschulischen Problemfelder und Förderaufgaben ausgeblendet werden und vieles an wohlmeinender Bemühung viel zu spät einsetzt und anderes wegen fehlender Fortführung vergeblich ist.

Schliesslich umfasst Sonderpädagogik im genannten Sinne sowohl Forschung und wissenschaftliche Reflexion als auch die Praxis.

*Zusammenfassend lässt sich feststellen: Sonderpädagogik ist die Theorie und Praxis der gesamten erzieherischen Förderung von Menschen mit Beeinträchtigungen aller Altersstufen. Das Besondere der Sonderpädagogik besteht darin, dass sie es mit unregelhaften und in diesem Sinne erschwerenden Gegebenheiten zu tun hat, für die sie ein über das Übliche Hinausgehendes an Konzepten und Kompetenzen anbietet.*

## 1.3 Sonderpädagogik als Teildisziplin der Allgemeinen Pädagogik

Insofern Sonderpädagogik als Disziplin mit besonderen Problemlagen und entsprechenden besonderen, d.h. über das Übliche hinausgehenden pädagogischen Antworten befasst ist, hebt sie sich von der nicht besonderen, der regelhaften, der üblichen Pädagogik ab. Sonderpädagogik ist also neben der Regelpädagogik ein Teilgebiet der Allgemeinen Pädagogik (s. Abb. 1).

```
┌─────────────────────────────────────────────┐
│           ┌─────────────────────┐           │
│           │ Allgemeine Pädagogik│           │
│           └─────────────────────┘           │
│              /              \               │
│  ┌──────────────┐      ┌──────────────┐    │
│  │ Regelpädagogik│      │Sonderpädagogik│   │
│  └──────────────┘      └──────────────┘    │
└─────────────────────────────────────────────┘
```

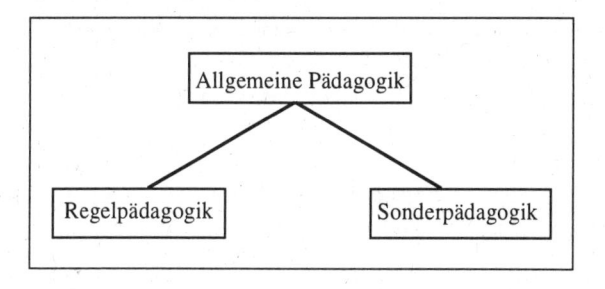

**Abbildung 1**   Sonderpädagogik als Teilbereich der Allgemeinen Pädagogik

Wenn Allgemeine Pädagogik Sonderpädagogik nicht einschliesst oder gar sich in Abgrenzung zur Sonderpädagogik definiert (etwa durch „Minimalkriterien des Menschseins"), ist sie logischerweise keine allgemeine Pädagogik. Allerdings wird nicht selten von allgemeiner Pädagogik gesprochen, obschon lediglich Regelpädagogik gemeint ist.

## 1.4   Funktionen der Sonderpädagogik

Sonderpädagogik, verstanden als allgemeine, d.h. alle sonderpädagogischen Fachrichtungen umfassende Sonderpädagogik, fusst - teils abstrahierend, teils verbindend, teils fundierend - auf den differentiellen Aspekten. Sie hat vor allem folgende Funktionen:

- Vermittlung von Überschau über das Gesamtgebiet und die Überschneidungsfelder zu den Nachbarbereichen als Orientierungshilfe für die Einzelsituation,
- Ermöglichung struktureller und historischer Einordnung spezieller Fachrichtungen und Standpunkte zur Bestimmung des Stellenwertes der konkreten Gegebenheiten,
- Aufdeckung allgemeiner Prinzipien und Bildung von Oberbegriffen aufgrund von Vergleichen und Abstraktionsprozessen zur Gewin-

nung von erweitertem Verständnishorizont und neuen Transfermöglichkeiten,
- Klärung von Grundfragen, die in mehreren Fachrichtungen von Bedeutung sind, und
- Ermittlung von Sachzusammenhängen zwischen den einzelnen Fachrichtungen zur Überwindung fachspezifischer Separierungstendenzen und zur Förderung interdisziplinärer Zusammenarbeit.

Insofern ist allgemeine Sonderpädagogik etwas anderes als die blosse Summe differentieller „Sonderpädagogiken".

## 1.5 Vorgehensweisen der Sonderpädagogik

Wenn man einmal von historischen Darstellungen des Gesamtgebiets absieht, seien sie nun additiv (vgl. etwa SOLAROVÁ 1983) oder metatheoretisch bemüht, indem sie vorliegende Theorien aufarbeiten (vgl. etwa HANSELMANN 1941, BLEIDICK 1984) oder ganz bestimmte Aspekte verfolgen (vgl. hierzu etwa BOPP 1930, HEINRICHS 1931, MOOR 1960, JANTZEN 1974, SPECK 1987, MÖCKEL 1988, HAEBERLIN 1996), kommt vor allem ein systematisches, hier eingeschlagenes Vorgehen in Betracht, das durch folgende Schritte gekennzeichnet ist:

- Sammlung der einschlägigen Gegebenheiten in der Lebenswirklichkeit, wobei sowohl die Kriterien der Berücksichtigung wie die Anzahl der berücksichtigten Fakten von Bedeutung sind,
- Ordnung der Gegebenheiten mit entsprechender Kategorienbildung,
- Vergleich der Befunde aus den verschiedenen Bereichen zum Aufspüren gemeinsamer Probleme bzw. Überschneidungsfelder und entsprechender Transfermöglichkeiten,
- Abstraktion von Einzelgegebenheiten zur Ermittlung bestimmter Prinzipien, gemeinsamer Grundfragen und zur Aspekterweiterung der verschiedenen Teilbereiche.

## 1.6 Zur Wissenschaftlichkeit der Sonderpädagogik

Zentrale Funktion von Wissenschaft ist Gewinnung verlässlicher Erkenntnisse, Wissens- und Einsichtsbestände.

Ein wesentlicher Schritt ist dabei die erwähnte Systematisierung des Gebietes bzw. Teilgebietes durch Sammeln, Ordnen, Vergleichen und Abstrahieren. Hierzu gehört nicht zuletzt die Vielzahl der berücksichtigten Merkmale.

Von tragender Bedeutung ist die Bündigkeit der verwendeten Begriffe. Der Wert einer Wissenschaft steht und fällt mit der Strenge ihrer Begriffe (vgl. hierzu BACH 1996, 36ff.). Begriffe sind nur insofern für Verständigung, Zielangabe, Denken und Handeln brauchbar, als ihr Bedeutungsgehalt bestimmt ist.

Ausschlaggebend für die Wissenschaftlichkeit sind sodann die für die Aussagen vorgelegten Belege, die Transparenz ihrer Gewinnung, die Schlüssigkeit der angeführten Begründungen, die Offenheit für kritische Überprüfungen sowie die Offenlegung der noch nicht beantworteten oder sich neu stellenden Fragen. (Vgl. hierzu insbes. POPPER 1984)

Ein besonderer Stellenwert für die Wissenschaftlichkeit kommt der Unterscheidung von Ist-Aussagen und Soll-Aussagen zu. Ein Merkmal der pädagogischen und der ihr zugehörigen sonderpädagogischen Literatur ist die oft nur höchst unzureichende Unterscheidung dieser Aussagearten.

Während die Ist-Aussagen noch weitgehend den genannten Regeln der Wissenschaftlichkeit folgen, bleiben die Soll-Aussagen nicht selten blosse Postulate, die als „Axiome", als „Credo" vor Untersuchungen abgeschirmt und nicht einmal begründet werden (vgl. hierzu BREZINKA 1976a, 128ff.).

So ist es verständlich, dass die Wissenschaftlichkeit der Pädagogik immer wieder skeptisch in Frage gestellt und im Gefolge von BREZINKA (1981) etwa von BLEIDICK (1984, 355f.) zumindest die Zieldiskussion der Erziehungsphilosophie zugewiesen wird, während namentlich die empirische Pädagogik der Erziehungswissenschaft vorbehalten wird.

Abgesehen von der damit unterschwellig vorgenommenen Abwertung der Zieldiskussion im Bereich der Erziehung ist diese Abnabelung von der Erziehungswissenschaft dazu angetan, dass der Beliebigkeit anheim gegeben wird, was sorgfältiger Überlegungen bedürftig und fähig und über weite Strecken durchaus der Argumentation und der Belegung etwa mit historischen oder psychologischen Fakten zugänglich ist.

Allerdings: Soll-Aussagen sollten stets auch als solche gekennzeichnet, sorgfältig begründet und nicht mit Ist-Aussagen vermischt oder als Ist-Aussagen ausgegeben werden. Hierzu gehört es auch, dass die Interessenlagen, die hinter Soll-Aussagen zu stehen pflegen, weitmöglich bewusst gemacht und offengelegt werden. (Vgl. zu dieser Thematik insbes. HABERMAS 1971)

Nur wenn diesen Ansprüchen Rechnung getragen wird, verdienen sonderpädagogische Darstellungen das Attribut der Wissenschaftlichkeit und lassen verlässliche Aussagen erwarten.

## 1.7 Sonderpädagogik als Dialog

Sonderpädagogik als Wissenschaft wie als Praxis hat keine eigentlichen „Adressaten" oder „Gegenstände" im Sinne frei verfügbarer „Objekte".

Auch wenn über Menschen häufig in solcher Weise reflektiert wird und wenn sie so „behandelt" werden, als wären sie lediglich Objekte, sind sie stets Mithandelnde, Korrespondierende und keineswegs blosse Adressaten - auch wenn ihnen gelegentlich nur Resignation, Blockade oder Widerstand als Ausdrucksmöglichkeiten bleiben.

Es ist davon auszugehen, dass sonderpädagogische Aussagen umso richtiger sind, der Problemlage von Menschen umso eher entsprechen, je mehr die Betroffenen, die oft besonders intensiv über ihre Lage Bescheid wissen, Gehör finden, zu Mitwirkenden an ihrem Verständnis und ihrer Diagnostik werden, so dass Sonderpädagogik als Wissenschaft nicht Wissenschaft über, sondern Wissenschaft auch von den Betroffenen ist.

Nicht erst in der Praxis steht also der oft geforderte Dialog an (vgl. hierzu IBEN 1988), er ist - im positiven wie im negativen Fall - bereits konstituierend für jede sonderpädagogische Aussage und ihre Qualität.

In diesem Zusammenhang ist auf die Bedeutung wie auf die Grenze rationaler Erfassung sowie auf den Stellenwert gefühlsmässiger Erfassung als Eingangsbereich und Horizonteröffnung rationalen Erkennens hinzuweisen - eingedenk des Hinweises von PASCAL:

*„Die gewohnt sind, mit dem Gefühl zu urteilen, begreifen nichts von dem, was nur der Verstand erkennt, denn sie wollen gleich mit einem Blick alles durchdringen, und sind nicht daran gewöhnt, die Prinzipien zu suchen. Die anderen dagegen, die daran gewöhnt sind, nach Prinzipien zu denken, begreifen nichts von dem, was nur das Gefühl erfasst, denn sie suchen Prinzipien darin und sind nicht imstande, etwas mit einem Blick zu erfassen"* (1670/1947, 325).

## 2. Besondere Problemstellung der Sonderpädagogik

### 2.1 Die Grundgegebenheiten

Wenn eine Disziplin wie die Sonderpädagogik hinsichtlich ihrer Konzepte in Zweifel gerät, erscheint es sinnvoller, als erneut von traditionellen Positionen und Versatzstücken ausgehend neue Metatheorien zu bauen, nochmals auf die Grundgegebenheiten zurückzugehen und möglichst unbefangen zu fragen, wie sich eigentlich Sonderpädagogik konstituiert.

Als Ausgangspunkt dieses Konstitutionsprozesses ist stets eine mehr oder minder starke Irritation auszumachen. Sie beruht darauf, dass ein Verhalten oder ein Zustand eines Menschen angesichts gegebener Bedingungen von einem Wahrnehmenden als „nicht in Ordnung", d.h. als bestimmten Richtigkeitsvorstellungen oder Erwartungen nicht entsprechend, beurteilt und als der Verbesserung durch besondere Vorgehensweisen bedürftig angesehen wird. Im Grunde stellt also mit solcher Irritation ein psychologischer Sachverhalt den Ausgangspunkt von Sonderpädagogik dar.

Dies gilt für körperliche Gebrechen ebenso wie für kognitive Probleme, für Verwahrlosung oder vielfältige andere Notlagen.

Damit sind folgende Komponenten der Konstitution des Prozesses angesprochen:

- ein bestimmtes Verhalten oder ein bestimmter Zustand einer Person
- unter bestimmten Bedingungen,
- ein Wahrnehmender, der zugleich Beurteiler ist,
- ein Beurteilungsmassstab des Wahrnehmenden, d.h. eine Vorstellung, was als richtig anzusehen ist und erwartet wird,

- die angenommene Bedarfslage hinsichtlich einer Verbesserung des irritierenden Verhaltens bzw. Zustandes und entsprechender Handlungsimpulse, und zwar durch
- besondere Vorgehensweisen, da die üblichen, regelhaften für nicht ausreichend gehalten werden oder sich als nicht ausreichend erwiesen haben.

In jedem Falle spielen also folgende *Grundkomponenten* eine Rolle:
- Verhalten bzw. Zustand der Betroffenen (die *individuale Disposition*),
- die *Bedingungen des Erlebens und Verhaltens*,
- die *Umfeldanforderungen*/Erwartungen,
- die *Wahrnehmenden* und ihre Beurteilungsmassstäbe sowie
- die *vermutete Bedarfslage* zur Verbesserung der Ausgangssituation (vgl. hierzu BACH 1985).

Mit dem Aufzeigen des Bündels dieser Komponenten - hier als Grundkomponenten bezeichnet - im Konstitutionsprozess der Sonderpädagogik erweisen sich traditionelle, als monistisch zu bezeichnende Positionen als überholt, seien sie nun einseitig auf Verhalten und Gegebenheiten der betroffenen Personen (etwa auf körperliche Handicaps) oder auf die gesellschaftlichen Verhältnisse usw. fixiert.

Welches sind nun aber die Besonderheiten, die das Zusammenwirken der genannten Komponenten, die ja Gegebenheiten ganz allgemeiner Art sind, zum Problem von sonderpädagogischer Relevanz werden lassen?

Hier geht es zunächst darum, jede einzelne dieser Grundkomponenten auf ihren möglichen Beitrag zur Problementstehung, -erhaltung, -verstärkung oder -verringerung zu überprüfen (s. Abb. 2)

```
┌─────────────────────────────────────────────────────────────────┐
│           Grundkomponeten des Verhaltens und Erlebens           │
│                                                                 │
│  Individuale       Bedingungen          Anforderungen           │
│  Disposition       des Verhaltens       des Umfeldes            │
│                    und Erlebens                                 │
│                                                                 │
│  ⇨ somatisch       ⇨ materiell          ⇨ inhaltlich            │
│  ⇨ emotional       ⇨ sozial             ⇨ formal                │
│  ⇨ kognitiv        ⇨ kulturell                                  │
└─────────────────────────────────────────────────────────────────┘
```

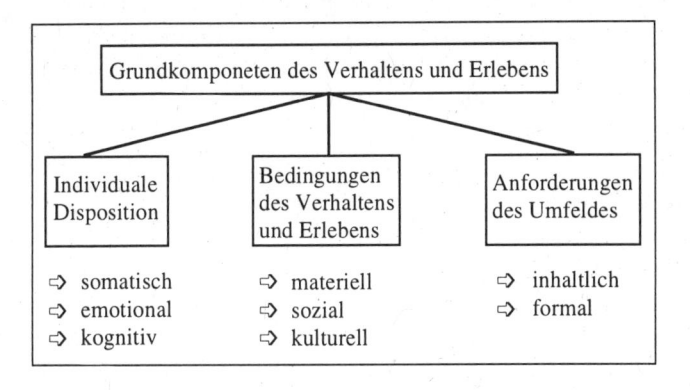

**Abbildung 2**     Grundkomponenten des Verhaltens und Erlebens

## 2.2 Die Grundkomponenten und ihre negativen Abweichungen

### 2.2.1 Die individuale Disposition

Wenn als Irritation auslösender Ausgangspunkt ein Verhalten oder ein Zustand vermerkt wird, ist damit die individuale Verhaltens- und Erlebensdisposition des betreffenden Menschen angesprochen. *Als individuale Disposition wird hier das Gesamt und das Zusammenwirken der somatischen, emotionalen und kognitiven Möglichkeiten des Individuums bezeichnet.* Hierzu gehört seine durch Anlage, Umwelteinflüsse und deren individuale Verarbeitung entstandene (und entsprechend sich verändernde) Erlebens- und Verhaltensausstattung für die Gestaltung des Lebens und die „Beantwortung" von Erwartungen des Umfeldes. Dabei ist das Verhältnis von genetisch Gegebenem zu Gewordenem schwer abzuschätzen (s. Abb. 3). Disposition im hier zugrunde gelegten Sinn ist also wesentlich mehr als nur „Veranlagung" oder körperliche Konstitution im landläufigen Sinne.

*Negative Abweichungen von der Norm in somatischer, emotionaler oder kognitiver Hinsicht werden als Schäden bezeichnet.* Hauptformen sind Schäden hinsichtlich der individualen Möglichkeit

- der Bewegung,
- des Hörens,
- des Sehens,
- des Denkens,
- des Sprechens,
- der Emotionalität (des Erlebens, der Energetik, der Steuerung),
- des Sozialverhaltens.

Schäden treten gelegentlich aktuell mit besonderer Stärke, nicht selten aber durchgängig mit unterschiedlicher Intensität auf.

Sie sind nicht als statische, sondern als u.a. ärztlich oder pädagogisch mehr oder minder veränderbare, z.T. auch als behebbare Gegebenheiten anzusehen. Es treten nicht nur mitunter verschiedene Schäden zugleich oder konsekutiv auf, sondern es bestehen auch enge Bezugsverhältnisse zwischen den einzelnen Bereichen. So sind sensorische Funktionen ebenso von kognitiven und emotionalen Dispositionen abhängig wie kognitive von somatischen und emotionalen und emotionale von kognitiven und somatischen. Dadurch kann es zu Erschwerungen oder zu Erleichterungen eines bestimmten Schadens kommen (sofern sich ein solcher überhaupt für sich bestimmen lässt). Als Beispiel sei hier auf die Auswirkungen von Bewegungseinschränkungen auf die emotionale Situation hingewiesen.

Im Grunde sind an allem Erleben wie an jeder Leistung - mit unterschiedlichem Gewicht - sowohl somatische als auch kognitive und emotionale Bereiche der Disposition beteiligt, die sich wechselseitig beeinflussen, verstärken, kompensieren können.

Schäden betreffen nun aber keineswegs nur *bestimmte Funktionen*, sondern, oft in deren Gefolge, auch *inhaltliche Bestände* wie Wissen, Gefühlsgehalte, Sprache, Bewegungsmuster, Sozialverhaltensweisen usw.

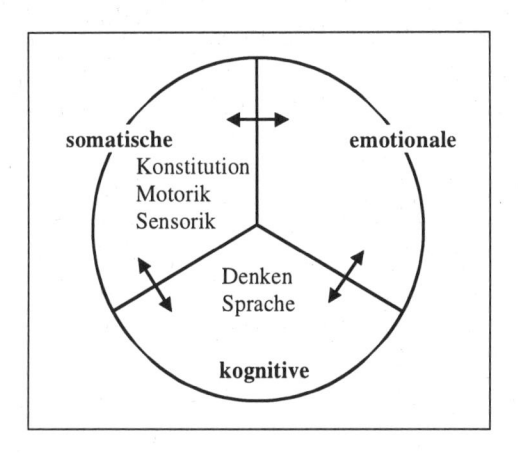

```
        somatische  ↔  emotionale
          Konstitution
          Motorik
          Sensorik
              ↙    ↘
            Denken
           Sprache
          kognitive
```

**Abbildung 3**  Teilkomponenten (Funktionen und Inhalte) der individualen Disposition und ihre Beeinflussungen

Grundsätzlich wird durch die Bezugsverhältnisse zwischen den somatischen, emotionalen und kognitiven Bereichen bzw. deren geschädigten Funktionen und inhaltlichen Einschränkungen die traditionelle Unterscheidung verschiedener sog. „Behinderungsformen" theoretisch wie praktisch fragwürdig. Sie schränkt das ins Auge zu fassende Aufgabenfeld nicht selten zum Nachteil für die Betroffenen ungebührlich ein. Aus diesem Grunde sind Begriffe wie Lernbehinderung, Körperbehinderung, Geistige Behinderung usw. oder gar - personalisiert - der Lernbehinderte, der Körperbehinderte, der Geistigbehinderte usw. und ebenso entsprechende Benennungen von Erziehungsinstitutionen zu überdenken (vgl. hierzu BACH 1986a, 3ff.).

Daneben gilt es zu sehen, dass ein einseitiges Festmachen von Beeinträchtigungen an somatischen Sachverhalten (diagnostizierter oder lediglich unterstellter Art) u.U. wesentliche Faktoren für das Auftreten von Beeinträchtigungen unberücksichtigt lässt. Tatsächlich wird der Stellenwert des Schadens für die Betroffenen in mehr oder minder grossem Masse durch die an sie gestellten Erwartungen und durch die vorliegenden Verhaltensbedingungen mitbestimmt. So kann z.B. eine Sehschwäche durch auf die Sehmöglichkeiten zugeschnittene Berufswahl und durch optische und andere Hilfsmittel partiell kompensiert und eine Diskrepanz zwischen Anspruch und Disposition in gewissem Masse vermieden oder gemildert werden. Umgekehrt kann z.B. ein relativ geringer Sehschaden durch einen kognitiven Schaden zu gravierenden Orientierungsproblemen führen. Eine ganz andere Sachlage ergibt sich, wenn an eine kognitiv geschädigte Person in bestimmten Situationen (z.B. in der Freizeit) oder in bestimmten Kulturkreisen nur relativ geringe kognitive Ansprüche gestellt werden.

Nun gibt es allerdings in allen Kulturen bestimmte Minimalerwartungen hinsichtlich der Funktionstüchtigkeit in den verschiedenen Bereichen, die für alle Bevölkerungsschichten in einer Vielzahl von Lebenssituationen gelten, so dass Schäden eines bestimmten Grades angesichts der vorherrschenden Regelansprüche und Regelbedingungen zu einer Diskrepanz zwischen Verhalten und Anforderungen bzw. Erwartungen führen, was als Abweichung oder Fehler bewertet zu werden pflegt.

*Neben den Schäden im funktionellen Bereich sind, nicht selten durch diese bedingt, Schäden im inhaltlichen Bereiche* wie Wissensrückstände, Kenntnislücken, Fertigkeitsdefizite, Erfahrungsmängel zu nennen, die sich gelegentlich auch bei voll intakten Funktionen mangels einschlägiger Anregungen finden. So können z.B. unzureichender Wortschatz (etwa bei Asylanten) ebenso gravierende Probleme nach sich ziehen wie eine sprachliche Funktionsstörung, z.B. Stammeln oder Poltern.

Vor allem gilt, dass ein Schaden nur dann auffällt und nur insofern und so lange „vorhanden" ist, als eine Anforderung die entsprechende Funktion oder Kenntnisse erforderlich macht. Schäden der Disposition sind also z.T. nur relevant bezüglich bestimmter Anforderungen (z.B. beruflicher Art wie etwa Mehlstauballergie bei einem Bäcker, die Versteifung eines Fingers bei einem Pianisten), d.h. zugleich auch in zeitlich begrenztem Rahmen.

Grundsätzlich ist die Feststellung von Schäden wesentlich von gesellschaftlichen, von epochalen wie von regionalen, sozialen und Altersnormen abhängig wie z.B. hinsichtlich bestimmter Umgangsformen, Streitregelungen, motorischer oder sensorieller Leistungsanforderungen, verschiedener Kulturtechniken.

Relativitäten dieser Art werden nur zu leicht durch scheinbar objektive Massgaben verdeckt, wie sie sich etwa in Tabellen zur Feststellung einer Minderung der Erwerbsfähigkeit oder von Intelligenzquotienten finden.

Schliesslich hängt das Gewicht eines Schadens nicht zuletzt von dessen Verarbeitung und von der Befindlichkeit der Betroffenen ab. Dem Selbst, das die Einstellung zu Schäden bestimmt sowie die Kompensationschancen beeinflusst (vgl. hierzu SPECK 1987, 154ff.), kommt in der individualen Disposition ein entscheidender Stellenwert zu, der bis hin zur Entstehung extremer „Dennoch"-Positionen oder Resignationshaltungen reicht.

Insofern ist ein bestimmter Schaden der individualen Disposition alles andere als eine einfach feststellbare objektive Grösse, und er eignet sich daher auch nicht zur definitiven Klassifizierung eines Menschen, so sehr er gegebenenfalls als ein wichtiger Aspekt ins Auge zu fassen und konkret (statt generalisierend) zu bezeichnen ist (z.B. „Versteifung des linken Beines" statt „Körperbehinderung").

Ingesamt lässt sich feststellen, dass es ebensowenig vertretbar ist, von einer durchweg „normalen", „gesunden", regelhaften individualen Disposition auszugehen wie es möglich ist, aufgrund einer Abweichung eines der vielen Faktoren der individualen Disposition von einem Durchschnitt bereits mit Bestimmtheit einen sonderpädagogisch relevanten Schaden der Disposition zu konstatieren.

Trotz alledem aber gilt, dass es Schäden von einer bestimmten Grössenordnung gibt, von denen anzunehmen ist, dass sie im allgemeinen selbst bei günstigen Bedingungen, modifizierten Anforderungen, starker Verarbeitungsbereitschaft des Betroffenen Lebenserschwernisse mit sich bringen, die besonderer, d.h. über das Übliche hinausgehender Assistenz bedürfen.

Hinsichtlich der Schäden lässt sich insgesamt feststellen, dass sie keine feststehenden Grössen darstellen, sondern vielmehr in verschiedener Hinsicht relativ sind:

- Subjektive Relativität
  Schäden sind in gewissem Masse relativ, insofern sie subjektiv mehr oder minder stark erlebt werden.
- Soziale Relativität
  Schäden sind in gewissem Masse relativ, insofern sie von verschiedenen Bezugsgruppen unterschiedlich beurteilt werden. Jedoch gibt es von einem gewissen Ausmass ab Übereinstimmung hinsichtlich des eindeutigen Vorliegens eines Schadens.
- Situative Relativität
  Schäden sind in gewissem Masse relativ, insofern sie im allgemeinen nur in bestimmten Lebenssituationen eine Rolle spielen und empfunden werden. Der beeinträchtigte Mensch ist daher nie nur Beeinträchtigter. Neben den beeinträchtigten stehen nicht beeinträchtigte Möglichkeiten.
- Temporäre Relativität
  Schäden sind in gewissem Masse relativ, insofern sie keine statischen Gegebenheiten sind und in unterschiedlichem und z.T. kaum voraussehbarem Masse veränderbar sind.
- Altersmässige Relativität
  besteht insofern, als sowohl die Umfeldanforderungen wie die Bedingungen mehr oder minder mit den unterschiedlichen Entwicklungsstufen der individualen Disposition korrespondieren.
- Ethnische und epochale Relativitäten
  schliesslich bestehen hinsichtlich der verschiedenen Kulturkreise bzw. Zeitepochen.

## 2.2.2 Die Erlebens- und Verhaltensbedingungen

Da Dispositionen nur unter bestimmten Bedingungen wirksam, d.h. ausgelöst, artikuliert, modifiziert, stimuliert, gebremst, blockiert werden, also nicht für sich gleichsam im luftleeren Raum relevant sind, haben Bedingungen einen beträchtlichen Stellenwert und bedürfen sorgfältiger Aufmerksamkeit, zumal wenn es sich um Bedingungen handelt, die in Zusammenhang mit Verhaltensweisen und Zuständen stehen, die Irritationen hervorrufen.

Bedingungen sind nicht ein Faktor, der „ggf. auch" der Berücksichtigung bedarf. Sie sind vielmehr stets ein Konstituens für die Problemlage.

*Unter Erlebens- und Verhaltensbedingungen ist das Gesamt der materiellen, biologischen, kulturellen und sozialen Lebensgegebenheiten für eine Person zu verstehen.* Das reicht von Klima, Wohnraum, Spiel-, Schul- und Arbeitsplatz über Schlafgelegenheit, Ernährung, Hilfsmittel, sächliche und personelle Anregungen, Modelle, schulische Förderung, Hilfen, Unterstützungen bis hin zu zwischenmenschlichen Bezugsverhältnissen und ihren emotionalen Komponenten. Die Grösse der Diskrepanz zwischen Verhaltensdisposition und Verhaltenserwartung kann durch Verhaltensbedingungen gesteigert oder vermindert werden, so etwa eine schwere kognitive Beeinträchtigung durch eine warmherzige Umgebung und umfängliche differenzierte Förderung.

*Negativ von der Norm abweichende Erlebens- und Verhaltensbedingungen werden als Benachteiligungen bezeichnet.* Je stärker sie ausgeprägt sind, desto grösser ist das Risiko, dass selbst bei weniger schweren Schäden der Disposition oder bei nicht überzogenen Anforderungen Problemlagen entstehen.

Benachteiligungen sind z.B.
- unzureichende Wohnverhältnisse,
- gesundheitsschädliche Umwelt (Luftverschmutzung, Lärm, Verkehrsgefahren usw.),
- gesundheitsschädliche Arbeitsbedingungen,
- unangemessene Entlohnung,
- Erfordernis voller Berufstätigkeit beider Elternteile,
- unzureichende oder verspätete medizinische Versorgung,

- Ausschluss beeinträchtigter Personen von bestimmten Veranstaltungen,
- bauliche Barrieren,
- Einschränkung von Bildungsmöglichkeiten durch quantitativ und qualitativ unzureichende Institutionen,
- Separierung von Einrichtungen,
- Einschränkung von Bildungs-, Ausbildungs- und Berufschancen durch Behauptung und Festschreibung bestimmter Gruppenzugehörigkeiten mittels unüberprüfter Prognostik und unterlassener Kontrolldiagnostik.

Benachteiligungen treten häufig als Stigmatisierungsfolge bei vorliegenden individualen Schäden auf, indem statt regelhafter Zugewandtheit Distanz und Ablehnung in verschiedenen Formen und statt Anregung und Hilfe mehr oder minder starke Isolation und Vorenthaltung regulärer Erlebens- und Verhaltensbedingungen erfolgt (vgl. hierzu BRUSTEN/HOHMEIER 1975). Von hervorzuhebender Bedeutung sind verflochtene soziale, ökonomische und kulturelle Benachteiligungen, sog. soziokulturelle Benachteiligungen.

Benachteiligungen können eine besonders aktuelle Brisanz (z.B. Krisen durch Arbeitslosigkeit) haben, häufiger sind sie jedoch von gravierender Durchgängigkeit.

Insoweit Benachteiligungen im sozialen wie im kulturellen und materiellen Bereich als Folge und Ausdruck überindividueller Einstellungen, Normen und politischer oder rechtlicher Regulierungen zu sehen sind, können sie als gesellschaftliche Bedingungen charakterisiert werden (vgl. hierzu insbes. JANTZEN 1974).

Benachteiligungen können als Entstehungs-, Erhaltungs- oder Verstärkungsbedingungen von Problemlagen auftreten.

Von wo ab Erlebens- und Verhaltensbedingungen als Benachteiligungen angesehen werden, hängt einerseits von den gesellschaftlichen Gegebenheiten ab, von dem, was im allgemeinen erwartet bzw. als unzumutbar gewichtet wird (so etwa Schulverhältnisse in abgelegenen Regionen, Lebensverhältnisse in Notzeiten). Andererseits kommt es auf das subjektive Erleben der Bedingungen, auf die Zufriedenheitsbereitschaft bzw. den Bewältigungswillen an. Wenn es hier auch kaum objektive Masse (so z.B. hinsichtlich der sog. „Armutsgrenze") gibt, lässt sich doch - selbst unter Einrechnung ausgleichender Faktoren, wie z.B. einer besonderen physischen Robustheit - davon ausgehen, dass Benachteiligung von einer bestimmten Grössenordnung ab in jedem Fall besondere Lebenserschwernisse und gravierende Probleme des Erlebens und Verhaltens bewirken, selbst wenn keine Schäden dispositionaler Art vorliegen.

Zu berücksichtigen ist dabei auch, dass Benachteiligungen zwar in der Regel auf bestimmte Zeiten und Bereiche focussiert sind, dass sie jedoch - zumindest im Erleben der Betroffenen - durchaus auch generalisiert und als totale Benachteiligung erlebt werden können, so etwa in der Deutung von Alltagsgegebenheiten als Zeichen des Nicht-gewollt- und Nicht-geliebt-seins.

### 2.2.3 Die Umfeldanforderungen

*Als Anforderungen/Erwartungen des Umfeldes werden hier die ausgesprochenen oder unausgesprochenen speziellen oder allgemeinen Ansprüche und Erwartungen bezeichnet, mit denen der Einzelne konkret konfrontiert wird*, denen er von sich aus entsprechen möchte oder denen zu entsprechen er sich bemühen muss wegen der Sanktionsmacht, die hinter ihnen steht. Diese Anforderungen sind in mehr oder minder grossem Masse abhängig von gesellschaftlichen, d.h. kulturellen, sozialen, ökonomischen und anderen offiziellen und informellen Normen und Verhaltensmustern.

Die Grösse der Diskrepanz zwischen einem Verhalten bei geschädigter individualer Verhaltensdisposition und Verhaltensanforderungen ist von der Angemessenheit bzw. Unangemessenheit der Erwartungen abhängig.

*Anforderungsunangemessenheit tritt vor allem in der Form von Überforderungen, Unterforderungen oder normwidrigen Anforderungen auf. Sie wird hier als Belastung bezeichnet.*

So können Anforderungen/Erwartungen einerseits an und für sich regelabweichend überhöht, überzogen, ja utopisch sein. Bei Vorliegen prinzipieller Unerreichbarkeit können sie generell zu Diskrepanzen auch bei regelhaften Verhaltensdispositionen führen, zum Gefühl des Unzureichendseins, zu Insuffizienz- oder Schuldgefühlen. Andererseits stellen Erwartungen, die zwar dem Regelbereich, nicht aber der Disposition desjenigen entsprechen, dem gegenüber sie geltend gemacht werden, *Überforderungen* dar. Dies ist häufig der Fall bei vorliegenden Schäden der geschilderten Art.

Es kann jedoch auch zu *Unterforderungen* kommen (nicht selten als resignative Reaktionen auf unerfüllte Regelerwartungen). Unterforderungen sind nicht zuletzt bei sog. Hochbegabten, d.h. bei besonders gut ausgestatteter individualer Disposition, naheliegend.

Unter *normwidrigen Anforderungen* sind Ansprüche zu verstehen, die in deutlicher Diskrepanz zu ansonsten im Umfeld geltenden Normen stehen, d.h. bestimmte subkulturelle oder kriminelle Verhaltensweisen und Wertmassstäbe nahelegen (so z.B. in bestimmten Banden, Gangs), die zumindest anfangs innere und äussere Konflikte mit den regelhaften Setzungen mit sich bringen.

Häufig erlebte Überforderungen und Unterforderungen pflegen sich als Schaden der individualen Disposition auszuwirken, sei es hinsichtlich spezieller Funktionsuntüchtigkeiten und mangelhafter inhaltlicher Bestände, sei es als generelle Einschränkung von Leistungsbereitschaft und Funktionstüchtigkeit.

Das zu Über- bzw. Unterforderung Gesagte gilt also in gleicher Weise, wenn die problematischen Erwartungen nicht - oder nicht mehr - vom Umfeld geltend gemacht werden, sondern in einem Umfange internalisiert oder selbständig aufgestellt worden sind, dass sie als überhöhte oder dezimierte Eigenerwartung wirksam werden, wie es in der individualpsychologischen Lehre von „Dressaten" geschildert wird (vgl. hierzu etwa KÜNKEL 1930, 18). In diesem Falle handelt es sich also um einen individualen Schaden, der in Diskrepanz zu den faktischen Umfelderwartungen steht.

Ausschlaggebend sind einerseits die Anforderungen an sich, andererseits aber die Art ihrer Erklärung, Anordnung, Motivation bzw. Durchsetzung sowie die Reaktion des Selbst auf die Anforderung. So kann (wie Beispiele etwa beim Sport zeigen) eine sehr hohe Erwartung ein begeistertes Echo finden, während rüde auferlegte Ansprüche geringerer Art zu kühler Ablehnung oder zum Gefühl totalen Überfordertseins führen können.

Sodann gilt es zu sehen, dass es Zeiten, Bereiche (z.B. die Schule) und Bezugspersonen gibt, die durch ihre forcierten Anforderungen charakterisierbar sind und andere, die zum Ausweichen einladen und Trost verheissen, obschon das Gefühl von Belastung durch Überforderung durchaus auch durchgängig das ganze Leben (bis in die Träume hinein) bestimmen kann.

Andererseits kann festgestellt werden, dass Anforderungen auch sehr partiell sein können und keineswegs von durchgängiger Ausprägung (so z.B. bestimmte Rechtschreibleistungen) sind. Belastung ist also nicht eine feste Grösse und weder nur durch gesellschaftliche noch nur durch individuale Faktoren bedingt.

Für Belastungen durch Unterforderungen mit der Folge des Sich-nicht-Ernst-genommen-Fühlens, des Vermissens von entsprechenden Aufgaben bestehen ähnliche Relativitäten.

Ebenso wie bei Unter- und Überforderung ist die Relativität von normwidrigen Anforderungen vor allem in ihrer Diskrepanz zu den im jeweiligen kulturellen, sozialen, zeitlichen Umfeld in der Regel geltenden Normen zu sehen (beispielsweise hinsichtlich von Gewalttätigkeiten oder bestimmten subkulturellen Aufforderungen).

Wenn es also auch kein objektives Mass dafür gibt, ob eine Anforderung Über-, Unter- oder normwidrige Forderung ist, lässt sich doch aber bei Anforderungen von einer bestimmten Grössenordnung an (z.B. der Obsorge eines Zehnjährigen für seine jüngeren Geschwister nach Verlust der Eltern) damit rechnen, dass es zu Problemen im Sinne von gravierenden Belastungen kommt, die bestimmte Unterstützung erfordern, zumal wenn bestimmte Schäden und Benachteiligungen vorliegen.

Wenn Anforderungen aus diesen Gründen auch nicht als feste Grössen anzusehen sind, so sind sie doch alles andere als beliebig. Sie sind vielmehr Geltung verlangende Massgaben, die von der Gesellschaft geprägt oder zumindest beeinflusst sind und deren Erfüllung von der individualen Disposition und Akzeptanz wie von den konkret vorliegenden Bedingungen und dem Nachdruck ihrer Anmeldung abhängig ist.

Zusammenfassend lässt sich feststellen, dass

- individuale Disposition, Bedingungen und Umfeldanforderungen als Grundkomponenten des Erlebens und Verhaltens stets gemeinsam wirksam sind, dass
- die Einschätzung ihrer negativen Abweichung (Schäden der Disposition, Benachteiligung durch bestimmte Bedingungen, Belastungen durch unangemessene Anforderungen) stark von gesellschaftlichen Gegebenheiten, aber auch von individualen Dispositionen abhängt, so dass sich aus diesen Gründen keine objektiven Festlegungen von Regelhaftigkeit bzw. Abweichungen, sondern lediglich Einschätzungen treffen lassen, von welchen Schweregraden ab in einer bestimmten Zeit und in einem bestimmten Umfeld mit dem Auftreten von Problemen zu rechnen ist,
- die Komponenten untereinander in engem Zusammenhang stehen und nicht trennscharf voneinander abzuheben sind (z.B. die Verhaltens- und Erlebensbedingungen und die Umfeldanforderungen), da ansonsten übersehen wird, dass bestimmte Umfeldbedingungen durchaus auch Anforderungscharakter haben können (z.B. anspruchsvolle Spiele, Geräte, Bücher), bestimmte individuale Dispositionen als Bedingungen für andere verstanden (z.B. somatische Gegebenheiten für kognitive Leistungen) wie auch bestimmte Anforderungen als Bedingungen aufgefasst werden können,
- auch die einzelnen Teilbereiche der Komponenten (z.B. die somatischen, kognitiven, emotionalen Teilbereiche der individualen Disposition) in einem wechselseitigen Verhältnis zueinander stehen,

- jede Komponente permanentem Wandel unterliegt, wie sich auch subjektives Erleben und Aussenbeurteilung von negativen Abweichungen wandeln können,
- die Grundkomponenten durch das Selbst der Betroffenen, ihre Einstellung und Verarbeitung, jedoch stets auch gesellschaftlich geprägt sind.

### 2.2.4 Exkurs: Negative gesellschaftliche Einflussformen

Benachteiligungen der Erlebens- und Verhaltensbedingungen sowie die Einschätzung von Umfeldanforderungen und von Schäden der Disposition werden durch gesellschaftliche Einflüsse vor allem in folgenden Formen vermittelt:

### Gesellschaftliche Einstellungen:

durch Konformismuszwänge gemäss der Gruppennorm ansteckend wirkende negative Positionen vieler einzelner gegenüber physisch, psychisch und sozial Schwachen (in der Form zu Vorurteilen geronnener Meinungen, die auf unzureichenden Kenntnissen über Entstehungsbedingungen und Förderungsmöglichkeiten von Beeinträchtigungen beruhen).

### Gesellschaftliche Motive:

im allgemeinen nicht reflektierte oder verdrängte Beweggründe für negatives individuelles und gesellschaftliches Handeln gegenüber beeinträchtigten Menschen

- im Sinne einseitiger Leistungsfaszination, die zur Abwertung aller unter einer Normschwelle liegender Leistungen führt (sogenannte „unrentable Tätigkeiten"),
- im Sinne einseitiger Normalitätsfaszination, die zur Abwertung aller unter einer willkürlichen Normschwelle liegenden Daseinsformen führt (sogenanntes „lebensunwertes Leben") - als Abwehrreaktion

gegenüber dem Gefühl der Unsicherheit und Gefährdung angesichts vorliegender Beeinträchtigungen,
- im Sinne einer einseitigen Konkurrenzfaszination, die zur Ausschaltung aller Kosten verursachenden Förderungen von schwächeren Arbeitskräften führt (sogenannte „unbrauchbare, unnütze Glieder" der Gesellschaft).

Gesellschaftliche Rollen:

den Einstellungen und ihren motivierenden Hintergründen entsprechend stilisierte zudiktierte Daseinsformen von beeinträchtigten Menschen und zum Teil auch ihrer Familien
- als Adressaten von Mitleid, Wohltätigkeit,
- als Bewährungsfeld der Tugendhaftigkeit Aussenstehender,
- als Minderheit mit Sündenbockfunktion,
- als Bestätigung religiös-politisch-ideologischen Weltverständnisses,
- als Auffangkaste für gesellschaftliche Selektionsmechanismen,
- als Arbeitskräftereservoir für unangenehme oder diskriminierende Tätigkeiten. (Vgl. hierzu etwa JANTZEN 1974).

Gesellschaftliche Normen:

in festen Konventionen oder geltendem Recht objektivierte Regulierungen, die z.B. in folgenden Begriffen ihren Niederschlag finden: Bildungsunfähigkeit, Unerziehbarkeit, Schulunreife, Berufsbildungsunreife, Berufsunreife, Arbeitsunreife. Die entsprechende Chancenverteilung im Rahmen der Gesellschaft tendiert in Richtung auf Ernstnahme der zum Teil gesetzlich fixierten Deklaration im Sinne einer Minimierung der Bemühungen bei minimalen Voraussetzungen. Allenfalls wird im Bereiche der Erziehung eine Chancengleichheit zumindest postuliert, indem auch beeinträchtigte Personen wenigstens dasselbe Mass an Förderung erhalten sollten wie nichtbeeinträchtigte, obschon Chancengerechtigkeit darin bestünde, ihnen ein Mehr an Förderung zuteil werden zu lassen.

Sog. Gesellschaftliche Sachzwänge:

materielle Bedingungen, die gemäss den gesellschaftlichen Einstellungen, Motiven, Rollen und Normen den beeinträchtigten Menschen als „unausweichlich" zugemutet bzw. vorenthalten werden, wie sie als Erlebens- und Verhaltensbedingungen bereits skizziert wurden.

## 2.3  Beeinträchtigung als relationaler Sachverhalt

Das Problem als wesentliches Konstituens sonderpädagogischen Fragens und Handels resultiert nun - wie gezeigt - keineswegs aus einer isoliert zu sehenden Komponente (etwa einem körperlichen Schaden), die es als zu wenig tragfähiges Paradigma zum Verständnis durch ein anderes im Sinne eines Paradigmawechsels zu ersetzen gelte, da stets eine Vielzahl von Komponenten wirksam ist.

Auch ein System als geordnete Summe negativ ausgeformter Komponenten erweist sich zum Verständnis als unzureichend, da sich die einzelnen Komponenten u.U. in gewissem Masse kompensieren können und sich vor allem in einem permanenten Veränderungsprozess mit wechselnden Dominanzen befinden.

Vielmehr besteht das Problem, hier als Beeinträchtigung bezeichnet, in der mangelnden Balance der verschiedenen Komponenten, so dass unter den gegebenen dispositionalen Umständen und Umfeldbedingungen bestimmten Anforderungen bezüglich des Verhaltens bzw. Erlebens nicht entsprochen werden kann (s. Abb. 4).

*Beeinträchtigung ist die mangelnde Balance von individualer Disposition, Verhaltens- und Erlebensbedingungen und Umfeldanforderungen.* Unter Balance ist dabei ein als angemessen erlebtes oder beurteiltes Bezugsverhältnis mehrerer Faktoren (Komponenten) zu verstehen.

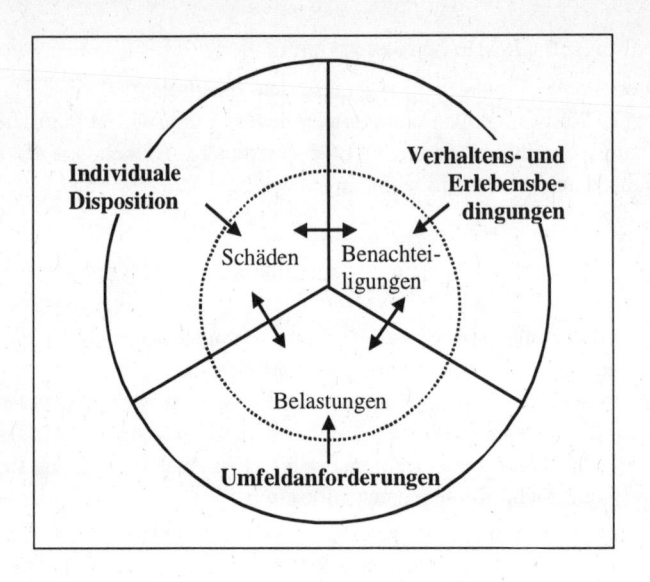

**Abbildung 4**   Relationalität von Beeinträchtigungen

Der Mangel an Balance kann *subjektiv* etwa als Insuffizienzgefühl, als Benachteiligung, als Belastung erlebt werden. Er kann aber ebenso (oder zusätzlich) von Aussenstehenden quasi *objektiv festgestellt* bzw. vermutet werden.

*Beeinträchtigung bezeichnet also einen relationalen Sachverhalt, der auf Komponenten fusst, die selber relativ sind und zudem einem steten Wandel unterliegen.*

Beeinträchtigungen sind demgemäss nicht allein an einer Person (etwa einem bestimmten Schaden) festzumachen, sondern sind - entsprechend dem In-der-Welt-Sein des Menschen als soziales, umfeldbezogenes und vor Anforderungen gestelltes Wesen - ein Mangel an Balance der geschilderten drei Grundkomponenten, die selber relativ sind (vgl. hierzu die wichtigen Hinweise von LINDMEIER 1993, 243f.).

Daraus ist nicht zu folgern, wie SPECK befürchtet (1987, 105), dass es bei dieser Sicht der Pädagoge nun nicht mehr mit Personen zu tun habe. Sie schützt vielmehr davor, sich allzu einseitig allein auf diesen personbezogenen diagnostischen Aspekt zu konzentrieren. Ebenso ist es problematisch, den Menschen vor allem als gesellschaftlich gesteuertes Wesen zu sehen und die individuale Disposition und vor allem das Selbst als Komponente zu unterschätzen.

Beeinträchtigung (und als bestimmter Grad der Beeinträchtigung: Behinderung) ist also eine relationale Gegebenheit verschiedener Komponenten, eine stets sich wandelnde Konstellation. Sie ist also nicht als umschriebene Eigenschaft aufzufassen. Das schliesst nicht aus, dass sich bei bestimmten Problemlagen durchaus auch Dominanzen im Erscheinungsbild und Entstehungsprozess abheben lassen (vgl. Kap. 2.5).

Relationalität von Beeinträchtigungen bedeutet, dass der Stellenwert der negativen Abweichung einer Komponente für die Gesamtbalance und damit für das Problemgewicht von der Ausformung der anderen Komponenten abhängig ist und sich mit deren Veränderung zugleich insgesamt verändert. Es kann grundsätzlich die negative Abweichung jeder Grundkomponente zu einem Balanceverlust führen, wie etwa das Problem der sogenannten Lernbehinderung zur Genüge zeigt, indem hier sowohl kognitive als auch sensorielle, emotionale ebenso wie soziale, kulturelle und ökonomische Bedingungen zu unterschiedlichen Anteilen an der Problementstehung und -erhaltung beteiligt sein können.

Je umfänglicher z.B. die Benachteiligungen der Verhaltensbedingungen und je höher die Anforderungen des Umfeldes für einen Menschen sind, desto gravierender wirkt sich z.B. ein vorhandener Schaden seiner individualen Disposition aus. Je günstiger dagegen die Verhaltensbedingungen oder je moderater die Umfeldanforderungen sind, desto geringer ist der Einfluss von Schäden der individualen Disposition.

Diese *Relationalitätstheorie von Beeinträchtigungen* bietet wegen ihrer stärkeren Berücksichtigung der differenzierten Sachzusammenhänge grössere Chancen zu adäquatem Verständnis und zu sachgerechterem Aufgreifen einschlägiger Problemlagen als die traditionelle Suche nach „der einen Ursache". Die Theorie macht zugleich viele Misserfolge einer Praxis verständlich, die auf unzureichenden Prämissen beruht. Die *Reichweite dieser Theorie* ist übrigens keineswegs auf das Verständnis von Problemlagen beschränkt, bei denen Schäden der individualen Disposition (etwa im somatischen Bereich) eine wesentliche Rolle spielen (wie z.B. Sprachstörungen, Sehschwächen). Sie kann vielmehr auch zur Erfassung von Alters-, Ausländer-, Obdachlosen- und anderen Randgruppenproblemen dienen.

## 2.4 Kriterien für die Besonderheit von Problemlagen

Die dargestellten Grundkomponenten einer Problemlage einschliesslich gewisser negativer Abweichungen und entsprechender Balancemängel sind nun bezeichnend für jegliche pädagogische Ausgangslage: Es geht um fruchtbare Überwindung der Spannung. Abgesehen davon sind Balancemängel und ihr Ausgleich geradezu eine Grundgegebenheit menschlichen Lebens.

Wann liegen nun aber besondere Probleme vor, mit denen Betroffene nicht mehr zurechtkommen, die besonderer Massnahmen, wie etwa der Sonderpädagogik, bedürfen?

Es wurde bereits darauf hingewiesen, dass es negative Abweichungen der individualen Disposition, der Umfeldbedingungen und der Anforderungen des Umfeldes in einem Ausmasse gibt, die in aller Regel gravierende Problemlagen auszulösen angetan sind.

Ebensowenig aber wie es für solche Aussenbeurteilung objektive Masse gibt, gibt es feste Kriterien für das Ausmass fehlender Balance, das ernstliche Besonderheit signalisieren könnte.

Es gibt zwar keine tragfähige Definition des Regelhaften, das eine Festlegung des Besonderen erlauben würde, aber doch Einschätzungen kritischer Ausmasse, die sich auf subjektives Befinden stützen. Hierzu gehören

- die Befindlichkeit des betroffenen Menschen, sein Leidensdruck, sodann
- das Leiden des Umfeldes (etwa der Eltern, Geschwister, Klassen) an dem Verhalten und Sosein des Betreffenden und
- schliesslich die Insuffizienzgefühle der Verantwortlichen im erzieherischen Felde angesichts mangelnder Kompetenz zu erforderlich erscheinender Hilfe und Abhilfe.

Als Merkmal der Konstitution von sonderpädagogischen Fragen lässt sich also ein Leidensdruck hervorheben. Dies tangiert selbst den wissenschaftlichen Bereich, der durch einen entsprechenden Erwartungsdruck gekennzeichnet ist.

Neben dem Leidensdruck wäre die Erwartung, die Hoffnung und das Wissen zu nennen, dass es über die üblichen Wissensbestände und praktischen Kompetenzen hinausgehende, d.h. besondere Kenntnisse und Erfahrungen geben würde oder müsse, die eine Behebung oder zumindest eine Erleichterung des vorliegenden Problems ermöglichen könnten.

Mit der Hoffnung auf besondere Hilfe für ein besonderes Problem und dem Impuls zu Erleichterung oder Befreiung von Leidensdruck für die Betroffenen und ihr Umfeld lassen sich aber auch höchst fragwürdige Wege der Erleichterung vorstellen - wie die Geschichte lehrt -, so etwa wohlmeinende Schonraumlösungen, die Leidensdruck zu Wehleidigkeit oder problematischen Anspruchshaltungen transformieren. Das Leiden des Umfeldes an Problemlagen kann dagegen mit einer Abschreibe- und Isolierungstendenz beantwortet werden.

Auch bezüglich der Erwartungen besonderer Informationen und Vorgehensweisen (so etwa von Regelschullehrern gegenüber der Sonderpädagogik) bedarf es gewisser Skepsis. Es gibt hier durchaus auch Voreiligkeiten, die ein Ausschöpfen der tatsächlich vorhandenen Kompetenzen verhindern.

Jedenfalls lässt sich weder aus den subjektiven Gegebenheiten etwa des Leidensdrucks noch aus den objektiven Regelabweichungen bei den Grundkomponenten unbesehen das Vorliegen bestimmter Sonderpädagogik bedürftiger Problemlagen ableiten.

Zusammenfassend lässt sich bezüglich der Kriterien für die Besonderheit von Problemlagen feststellen, dass sowohl hinsichtlich der individualen Disposition wie hinsichtlich der Verhaltensbedingungen und der Umfeldanforderungen sowie hinsichtlich ihres relationalen Zusammenwirkens keine präzisen Massgaben, sondern lediglich Einschätzungen unter Berücksichtigung der Relativität der einzelnen Komponenten möglich sind. Dies gilt für den Leidensdruck der Betroffenen, des Umfeldes und der im Felde Handelnden. Hier wie dort geht es darum, eher abzuwägen als zu messen und den Konsens zu suchen als auf scheinbar objektive Richtpunkte zu vertrauen.

Jedenfalls aber ist der Bedarf an Sonderpädagogik umso grösser, je ausgeprägter das Missverhältnis von Anforderungen, individualer Disposition und Bedingungen sowie ein entsprechender Leidensdruck ist und je schwächer die regulären Kompetenzen zur Bewältigung der Probleme ausgeprägt sind. Umgekehrt gilt, je weniger spezielle pädagogische Kompetenzen zur Verfügung stehen, desto geringer die Assistenzchancen bei Beeinträchtigungen.

## 2.5 Komplexität und Dominanzen von Beeinträchtigungen

Angesichts des aufgezeigten Zusammenwirkens der Grundkomponenten und ihrer negativen Abweichungen im Prozess der Entstehung, Erhaltung und Veränderung von Beeinträchtigungen sind diese (d.h. der Mangel an Balance der Komponenten) stets ein *komplexer Sachverhalt*.

Keine Belastung durch unangemessene Umfeldanforderungen, keine Benachteiligung durch einschränkende Bedingungen bleibt ohne Auswirkungen auf die individuale Disposition, kein Schaden der individualen Disposition ohne Rückwirkung auf das Umfeld, seine Bedingungen und Anforderungen, ganz abgesehen von den dargelegten

Wechselwirkungen zwischen kognitivem und emotionalem Bereich (vgl. Kap. 2.2.1).

Diese Komplexität von Beeinträchtigungen erfordert bezüglich der Diagnose wie hinsichtlich weiterer zu treffender Massnahmen eine in der Praxis oft nur ansatzweise zu findende Aufmerksamkeit.

Unter den dargestellten Komponenten von Beeinträchtigungen zeichnen sich nun allerdings mehr oder minder häufig bestimmte *Dominanzen* ab, so etwa im Bereich

- der verschiedenen Schäden der individualen Disposition (Schäden des Sehens, Hörens bis hin zu Blindheit bzw. Gehörlosigkeit, der Bewegung, des Denkens und schwerer geistiger Behinderung, der Sprache, der Emotionalität, des Sozialverhaltens). Dies gilt sowohl in funktioneller Hinsicht als auch hinsichtlich der inhaltlichen Bestände wie Einschränkung im Bereich von Wissen, Einsichten, Fähigkeiten, Einstellungen, Gefühlsgehalten, Fertigkeiten,
- der verschiedenen Benachteiligungen der Verhaltens- und Erlebensbedingungen (Benachteiligungen im materiellen, kulturellen und sozialen Bereich),
- der verschiedenen Belastungen durch unangemessene Umfeldanforderungen (Belastungen durch Über-, Unter- und normwidrige Anforderungen).

Beeinträchtigungen werden hier verstanden als Balancemängel der genannten Grundkomponenten einschliesslich ihrer negativen Abweichungen(s. Abb. 5).

| Mögliche Dominanzen von Beeinträchtigungen | | |
|---|---|---|
| *Schäden der individualen Disposition* | *Benachteiligungen durch Verhaltens- und Erlebensbedingungen* | *Belastungen durch Umfeldanforderungen* |
| ⇨ somatisch<br>⇨ emotional<br>⇨ kognitiv | ⇨ materiell<br>⇨ sozial<br>⇨ kulturell | ⇨ Überforderungen<br>⇨ Unterforderungen<br>⇨ Normwidrige Anforderungen |

**Abbildung 5**    Mögliche Dominanzen von Beeinträchtigungen

Auch wenn sich bei Beeinträchtigungen Dominanzen in dieser oder jener Richtung abzeichnen, gilt es in jedem Falle, die mitwirkenden Anteile anderer Komponenten bezüglich Entstehung, Erhaltung oder Verstärkung der Problematik nicht zu übersehen, da sog. „Teilleistungsschwächen" oder „Teilleistungsstörungen" als partielle, isoliert zu sehende Ausfälle eher die Ausnahme sind.

## 2.6 Grade von Beeinträchtigungen

Für das hier ins Auge gefasste Feld von Problemen gibt es umgangssprachlich eine Vielzahl von Bezeichnungen. Sie reichen, um nur die geläufigsten zu nennen, von Behinderungen über Mängel, Defekte, Hemmungen, Abweichungen, Störungen und Schwächen bis zu Auffälligkeiten.

Nicht selten werden diese Ausdrücke beliebig ausgetauscht (z.B. Lernbehinderung, Lernstörung, Lernauffälligkeit), was nicht eben zur gewünschten Verständigung beiträgt.

Darüber hinaus erweist sich die Benutzung der einzelnen Bezeichnungen für ein relativ breites Spektrum unterschiedlicher Phänomene (so z.B. Behinderung für schwerste kognitive Schäden wie für Rechtschreibschwierigkeiten) als Begriffsinflation. Das kann zu manchem *Missbrauch* des Begriffs etwa bezüglich bestimmter Unterstützungen verleiten, indem z.B. jegliche Misere als Behinderung deklariert wird.

Bei engerer Fassung - etwa des Begriffs Behinderung -geschieht es dagegen unversehens, dass manche Problemlagen im Vorfeld, die zum Zwecke der *Vorbeugung* dringend besonderer Aufmerksamkeit bedürften, aus dem Blick geraten.

Ferner ist eine begriffliche Differenzierung wegen des unterschiedlichen Umfangs und der erforderlichen Spezifität der erforderlichen Unterstützung und entsprechenden *Planung* wünschenswert.

Aus diesen Gründen wurde bereits vor geraumer Zeit (BACH 1974/1995) unter zunehmender Akzeptanz vorgeschlagen, unter dem Oberbegriff „Beeinträchtigung" zu unterscheiden zwischen den Graden

- Behinderungen (einschliesslich schwerster Behinderungen),
- Störungen und
- Gefährdungen (s. Abb. 6).

Dass die Feststellung von Graden der Beeinträchtigung weitgehend auf Einschätzungen fusst, schmälert keineswegs ihre skizzierte Bedeutung.

Schweregrade von Beeinträchtigungen: Umfang des Förderbedarfs

Behinderungen Störungen Gefährdungen

Häufigkeit von Beeinträchtigungen

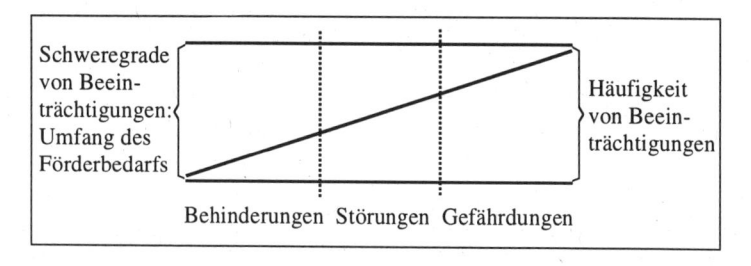

**Abbildung 6**  Schweregrad und Häufigkeit von Beeinträchtigungen

Als Kriterium der Grade wären Abstufungen hinsichtlich der Mängel der Balance der Grundkomponenten anzusehen.

Diese können durch

- das *Mass an Abweichung* der Komponenten vom Regelbereich (z.B. der individualen Disposition und/oder der Lebensbedingungen bzw. der Umfeldanforderungen),
- deren *Anzahl* und
- die *Dauer ihres Bestehens* bzw. das Mass ihrer Behebbarkeit bewirkt werden und entsprechend umfängliche und spezielle Assistenzen erforderlich machen.

## 2.6.1 Behinderungen

Die Beschreibungen von Behinderung reichen von feldspezifischen Handlungseinschränkungen, z.B. bezüglich schulischer oder beruflicher Anforderungen, über organische und funktionelle Regelabweichungen allgemeiner Art bis hin zu der Feststellung, dass jeder Mensch behindert sei.

So heisst es z.b. in der Empfehlung der Bildungskommission des DEUTSCHEN BILDUNGSRATES (1973,32): „Als behindert im erziehungswissenschaftlichen Sinne gelten alle Kinder, Jugendlichen und Erwachsenen, die in ihrem Lernen, im sozialen Verhalten, in der sprachlichen Kommunikation und in den psychomotorischen Fähigkeiten soweit beeinträchtigt sind, dass ihre Teilhabe am Leben der Gesellschaft wesentlich erschwert ist." Oder das Bundessozialhilfegesetz (§124 [4]) definiert Behinderung als „eine nicht nur vorübergehende erhebliche Beeinträchtigung der Bewegungsfähigkeit, ... der Seh-, Hör- und Sprachfähigkeit ..., der geistigen oder seelischen Kräfte ...".

Kennzeichnend für die Vielzahl von Definitionsversuchen in den verschiedenen sich hier angesprochen fühlenden Disziplinen ist, dass sie überwiegend von der Behinderung als einem Merkmal, einer Eigenschaft bestimmter Personen ausgehen. Dies geschieht z.B. in Anlehnung an das traditionelle medizinische Denkmodell von Krankheit. Das zeigt sich nicht zuletzt in der verbreiteten Rede von „den Behinderten". Allerdings finden sich zunehmend auch Zweifel an derartig personalisierenden Beschreibungen und Definitionen, indem auf die Relativität von Behinderung in situativer, sozialer u.a. Hinsicht hingewiesen wird (vgl. BLEIDICK 1984,74ff.; BACH 1995,9; u.a.). Jedenfalls aber erfolgt in aller Regel eine - meist berufsspezifisch akzentuierte - Konzentration auf ein bestimmtes Individuum, das als abweichend, beeinträchtigt, hilfsbedürftig erscheint.

Hier liegt offenbar die Ursache dafür, dass sich, wie häufig beklagt wird, „bislang keine exakte, schlüssige und konsensfähige Bestimmung von Behinderung finden" liess (RAUSCHENBACH 1980,87).

*Als Behinderungen werden hier nun Beeinträchtigungen bezeichnet, die als umfänglich und schwer und längerfristig eingeschätzt werden* (vgl. BACH 1995,20f.; 1985,6f.).

- *Umfänglichkeit* bedeutet, dass mehrere Komponenten und Teilkomponenten betroffen sind (Schäden der individualen Disposition einschliesslich des subjektiven Leidensdrucks der Betroffenen, Benachteiligungen hinsichtlich der Erlebens- und Verhaltensbedingungen, Belastungen durch unangemessene Anforderungen).
- *Schwere* bedeutet ein starkes Abweichen von den Durchschnittsgegebenheiten vergleichbarer Gruppen (z.B. kaum verständliche Sprache; extrem mangelhafte Lebensbedingungen).
- *Längerfristigkeit* bedeutet, dass die Beeinträchtigung bereits länger besteht oder vermutlich nicht in kürzerer Zeit zurückgehen oder behoben werden kann (z.B. Querschnittslähmungen, subkulturelle Lebenswelten - im Unterschied zu zeitlich überschaubaren Extremlagen, wie sie etwa im Zusammenhang mit akuten Krankheiten auftreten können).

Global findet sich bei BLEIDICK (1984,93) eine vergleichbare Position, wenn er davon spricht, dass der Ausdruck Behinderung das „Attest einer vergleichsweise massiven Beeinträchtigung" meine und dass ihr „Schweregrad" (115) eines ihrer Kriterien sei.

*Krankheiten* sind im Unterschied zu Behinderungen zeitlich begrenzte Regelabweichungen namentlich im körperlichen Bereich. Sie können zu einer Behinderung führen, sie können auch bei vorliegenden Behinderungen zusätzlich auftreten.

Der Begriff des *Gebrechens* bezeichnet im Unterschied zum Begriff der Behinderung eher die somatische Gesamtsituation des Betroffenen.

*Leiden* bezeichnen vor allem die subjektive Erlebniskomponente bei chronischen Erkrankungen, Gebrechen und Behinderungen.

Bei Behinderungen lassen sich schwerste Grade abheben, um extreme Bedarfslagen z.B. hinsichtlich der Pflege, besonderer Ausstattung, Installation usw. und spezieller pädagogischer Konzepte anzuzeigen.

Sog. untere Grenzen, d.h. Ausschliessung etwa mit dem Terminus „Bildungsunfähigkeit" sind jedoch in keinem Fall zu ziehen. „Bildungsunfähig" kann allenfalls ein Pädagoge oder eine Pädagogin sein, sofern er oder sie noch keine Angebote für Extremsituationen entwickelt hat (vgl. hierzu MOOR 1965,210).

## 2.6.2 Störungen

*Unter Störungen sind* in Abhebung von Behinderungen *Beeinträchtigungen zu verstehen, die als partiell oder weniger schwer oder kurzfristig eingeschätzt werden* (vgl. hierzu BACH 1971).

- *Partiell* bedeutet, dass nur eine oder wenige Komponenten oder Teilkomponenten betroffen sind (z.B. Lernprobleme in einem Unterrichtsfach, begrenzte motorische Einschränkung).
- *Weniger schwer* bedeutet, dass keine erheblichen Abweichungen vom Regelbereich vorliegen (z.B. bestimmte Artikulationsfehler, geringfügige Bewegungseinschränkung einer Hand).
- *Kurzfristig* bedeutet, dass voraussichtlich in Kürze eine Behebung möglich erscheint (z.B. bei bestimmten Verletzungen, Krankenhausaufenthalt von Eltern, gelegentliche Überforderungen).

Störungen können langfristige Beeinträchtigungen sein, die jedoch weniger umfänglich und schwer sind; Störungen können schwere Beeinträchtigungen sein, die jedoch weniger umfänglich sind und nur auf kurze Zeit bestehen; Störungen können umfängliche Beeinträchtigungen sein, die jedoch nur von geringer Schwere oder Dauer sind.

Zu anderweitigen Bezeichnungen für den gemeinten Sachverhalt ist folgendes kritisch zu bemerken:

Störungen als „leichte Behinderungen" zu bezeichnen, empfiehlt sich nicht, da dieser Begriff die spezielle Notlage und pädagogische Dringlichkeit etwa von raschen Intensivmassnahmen eher verdeckt als hervorhebt. Störungen als „relative Behinderungen" zu bezeichnen, empfiehlt sich nicht, da dieser Begriff suggeriert, Behinderungen als nicht relative Gegebenheiten anzusehen. Störungen als „soziale Benachteiligungen" zu bezeichnen, empfiehlt sich nicht, da Störungen neben sozialen Benachteiligungen verschiedenartige andere Gegebenheiten umfassen können. Störungen als „Deviationen" zu bezeichnen, empfiehlt sich wegen des diskriminierenden Beiklangs dieses Wortes nicht.

Als *Auffälligkeiten* sind - im Unterschied zu Störungen - Gegebenheiten zu bezeichnen, die vom Regelbereich abweichen, die jedoch noch nicht objektiv hinreichend abgeklärt sind.

Im Überschneidungsfeld zwischen Behinderungen und Störungen kann von schweren Störungen gesprochen werden. Grundsätzlich sind die Übergänge fliessend und eher durch Tendenzen als durch operationalisierbare Grenzen zu kennzeichnen.

Im Zweifelsfalle ist eine Beeinträchtigung eher zu den Störungen als zu den Behinderungen zu rechnen, um eine voreilige Übergewichtung zu vermeiden.

Den Störungen liegen teils somatische und teils psychische Schäden, teils soziale, materielle oder kulturelle Benachteiligungen, teils anforderungsmässige Belastungen zugrunde, häufig in gekoppelter Form. Diese sind teils zu bessern, teils zu beheben und teils nicht zu korrigieren. Störungen sind jedoch grundsätzlich zunächst als mobile, d.h. als positiv beeinflussbare Gegebenheiten anzusehen.

Störungen stellen trotz ihrer subjektiven, sozialen, situativen und temporären Relativität objektiv feststellbare Beeinträchtigungen dar.

Die Unterscheidung zwischen Behinderung und Störung wird seit geraumer Zeit etwa von KANTER (1974,119) u.a. geteilt und findet nicht zuletzt ihren Niederschlag in den Bezeichnungen „Verhaltensstörungen" und „Sprachstörungen" für überwiegend passagere, partielle oder weniger gravierende Beeinträchtigungen.

Für diese Unterscheidung von Behinderung und Störung und damit für die Konstitution eines relativ engen Begriffs von Behinderung spricht vor allem, dass sie eine Differenzierung des Gesamtpersonenkreises hinsichtlich Bedarfslagen und Massnahmen nahelegt.

Die Nachteile eines Verzichts auf solche Differenzierung zugunsten eines weitgefassten Behinderungsbegriffs, wie er von einigen

Autoren (etwa von BLEIDICK 1984) festgehalten wird oder in einigen Gesetzen (etwa dem Schwerbehindertengesetz) fixiert ist, zeigen sich nicht zuletzt bei einer Ausuferung von Ansprüchen aufgrund eines überdehnten Behinderungsstatus.

Auch werden bei fehlender Unterscheidung zwischen Behinderungen und Störungen weniger gravierende Beeinträchtigungen nur unbefriedigend wahrgenommen oder ganz übersehen - aufgrund der Faszination durch umfänglichere Beeinträchtigungen.

## 2.6.3 Gefährdungen

Traditionell werden Beeinträchtigungen als Behinderungen oder Störungen im Bereiche der Sonderpädagogik nur dann konstatiert, wenn manifeste Schäden der individualen Disposition vorliegen.

Dagegen bleiben Benachteiligungen der Verhaltens- und Erlebensbedingungen (so etwa der Verlust einer engen Bezugsperson), Belastungen durch unangemessene Umfeldanforderungen (so etwa Einweisung eines Kindes in einen extrem überfordernden Bildungsgang), aber auch Risikofaktoren hinsichtlich der individualen Disposition ohne Vorliegen manifester Schäden (so etwa Kränklichkeit, minimale Verkürzung eines Beines) weitgehend ausserhalb des Aufmerksamkeitsfeldes.

Dies ist insofern problematisch, als derartige Gegebenheiten dazu angetan sind, unversehens zu Schäden der individualen Disposition zu führen oder zur Verstärkung vorliegender Störungen oder Behinderungen beizutragen.

Im Hinblick auf derartige Folgerisiken empfiehlt es sich, die genannten Gegebenheiten neben Behinderungen und Störungen als eigene Kategorie ins Bewusstsein zu bringen. Hierfür eignet sich die Bezeichnung „Gefährdung" (BACH 1995,48f.).

Der durch das Bundessozialhilfegesetz und in dessen Gefolge durch die Empfehlungen des DEUTSCHEN BILDUNGSRATES (1973) in Umlauf gekommene Begriff „von Behinderung bedroht" sieht Gefährdungen vor allem im Hinblick auf die mögliche Entstehung von Behinderungen. Diese Bezeichnung ist jedoch insofern problematisch, da Behinderungen keine handelnden Subjekte, sondern oft eher gerade Ausfallserscheinungen sind, die zudem keineswegs notwendig an das vorherige Vorhandensein von Störungen gebunden sind.

*Gefährdungen liegen vor, wenn Unregelhaftigkeiten bezüglich der individualen Disposition, der Umfeldbedingungen* und der Umfeldanforderungen in einem Ausmass *bestehen*, dass mit der Entstehung von Störungen bzw. Behinderungen zu rechnen ist, wenn nicht vermehrte Aufmerksamkeits- und Unterstützungsangebote gemacht werden.

Gefährdungen können etwa durch folgende Gegebenheiten bedingt sein:

*Somatische Bedingungen*
- Schwangerschafts- und Geburtsunregelmässigkeiten („Risikokinder")
- Erkrankungen in der Säuglingszeit
- Schwerere Erkrankungen oder Unfälle in der Folgezeit
- Chronische Kränklichkeit
- Dauernde physische Überlastung usw.

*Materielle Bedingungen*
- Unzureichende Wohnverhältnisse
- Unterbringung in Obdachlosensiedlung
- Längerer Krankenhausaufenthalt
- Längere Heimunterbringung
- Unzureichende ökonomische Familienverhältnisse
- Luxurierendes (verwöhnendes) Milieu usw.

*Soziale und kulturelle Bedingungen*
- Häufiger Wohnortwechsel
- Soziale Isolierung
- Anregungsarme Nachbarschaft
- Einzelkindsituation
- Geburt von Geschwistern
- Negative Gruppeneinflüsse

- Fehlen eines oder beider Elternteile
- Längere Erkrankungen von Angehörigen
- Arbeitsmässige Überlastung der Eltern
- Häufige Abwesenheit der Eltern
- Grosse Geschwisterzahl
- Überlastung der Familie durch Behinderung von Angehörigen
- Alkoholismus, Rauschgiftsucht der Eltern
- Anpassungsschwierigkeiten der Familie (Umsiedlung usw.)
- Spracharmut der Familie
- Fehlende emotionale Anregung
- Zerrüttete Ehe der Eltern
- Anfälligkeit der Eltern für extreme Erziehungsmoden (z.B. autoritäre, antiautoritäre, sexualexhibitionistische, drogenliberale, prohibitive Erziehung) usw.
- Schlechte Schulverhältnisse usw.

*Umfeldanforderungen*
- Überfordernde Bildungsanforderungen
- Überhöhte Leistungsansprüche
- Laissez-faire-Haltung der Erzieher usw.

Gefährdungen beruhen zumeist auf einer Kopplung verschiedener erschwerender Faktoren. Art und Wirksamkeitsdauer bestimmen das Gewicht der Gefährung. Obgleich das Mass der Gefährdung stets von subjektiven Bewältigungsmöglichkeiten der erschwerenden Bedingungen abhängig ist und neben dieser subjektiven auch eine soziale, temporäre und situative Relativität der Faktoren besteht, ist es angezeigt, Gegebenheiten der genannten Art als objektive Indizien für Gefährdungen ernst zu nehmen.

Wenn hier nun im Hinblick auf die häufig vernachlässigte Aufgabe der Prävention, d.h. der frühzeitigen Assistenz für eine ausdrückliche Einbeziehung der Gefährdungen in den Aufmerksamkeitsbereich der Sonderpädagogik plädiert wird - allein wegen der speziellen Kenntnisse dieser Disziplin über unscheinbare Ansätze und negative Entwicklungsverläufe - bedeutet dies jedoch alles andere als eine Vereinnahmungstendenz nun all und jeder Beschwernis in den Schoss der Sonderpädagogik als einer bestimmten Disziplin oder gar Berufsgruppe.

Vielmehr geht es um die Öffnung des Blicks aller Mitverantwortung Tragenden für sonderpädagogische, d.h. über das Übliche hinausgehende Aufgaben und um ihre Gewinnung für deren weitmögliche Wahrnehmung.

Allerdings gilt es, darauf zu achten, dass durch eine unbedachte Benutzung von Begriffen und Klassifizierungen wie „Gefährdung", „Risikokind" usw. bei den Betroffenen selbst und bei Eltern, Erziehern usw. fundamentale Verunsicherung bewirkt werden kann.

Für die Zurechnung zu den einzelnen Graden von Beeinträchtigungen gilt das nämliche, was hinsichtlich der Kriterien für die Besonderheit von Problemlagen ausgeführt wurde: dass es einerseits stets um Einschätzungen geht, dass der Grad der Abweichung von regelhaften Gegebenheiten und dass der Leidensdruck der Betroffenen bzw. des Umfeldes und dementsprechend der voraussichtliche Unterstützungsbedarf zu berücksichtigen sind.

Gelegentlich gewünschte Kriterien für scharfe Abgrenzungen der Grade von Beeinträchtigungen verbieten sich angesichts der Vielzahl der ins Auge zu fassenden Gegebenheiten verständlicherweise. Vielmehr ist hier von fliessenden Übergängen auszugehen und bei den einzelnen Zuordnungen von der individualen Lage von Betroffenem und ihrem Umfeld unter Berücksichtigung der unterschiedlichen Merkmale. Übrigens besteht hinsichtlich der Unterscheidung zwischen Behinderung und Nicht-Behinderung ein nicht minder diffiziles Operationalisierungsproblem wie angesichts der Abhebung der Behinderungen von Störungen.

Prinzipiell geht es bei der Unterscheidung von Graden der Beeinträchtigung nicht um Zuweisungsaufforderungen, sondern vielmehr um die Signalisierung unterschiedlicher Bedarfslagen und entsprechender Grössenordnung vorzusehender Angebote.

Dies gilt nicht zuletzt auch hinsichtlich der Befindlichkeit der Betroffenen. Weit überwiegend werden Behinderungen und Störungen und ihre häufigen Folgeerscheinungen wie Stigmatisierung, Isolierung usw. als wesentliche Lebenserschwerung, als Bedrängnis, als Ohnmacht und Abhängigkeit schmerzlich oder bitter, aufbegehrend oder kummervoll erlebt. (Vgl. hierzu HAHN 1981)

Trotzdem ist es zweckmässig, subjektives Erleben von Behinderungen und Störungen als nur ein mögliches - wenn auch besonders bedeutsames - Merkmal anzusehen, und zwar aus praktischen Gründen: Es gibt Diskrepanzen zwischen Umfelderwartungen, Verhaltens- und Erlebensbedingungen und individualen Dispositionen, die zwar gegenwärtig noch nicht als Beeinträchtigung erlebt werden, angesichts derer es aber voraussehbar ist, dass u.U. schon in naher Zukunft ein umso quälenderes subjektives Erleben von Behinderung die Betroffenen bedrücken wird, wenn nicht frühestmöglich Hilfen angeboten, Korrekturen in die Wege geleitet werden.

## 2.7 Beeinträchtigung als Prozess

Gemäss den permanenten Veränderungen der Grundkomponenten und ihrer Teilbereiche unterliegt auch deren relationales Zusammenwirken einem ständigen Wandlungsprozess. Dieser Wandlungsprozess trägt allerdings keineswegs den Charakter eines stetigen, eindeutig gerichteten Entwicklungsprozesses.

*Daher sind auch Behinderungen ebenso wie Störungen und Gefährdungen keine statischen Gegebenheiten.* Sie sind vielmehr abhängig von den Veränderungen ihrer Bestimmungsgrössen, der Behebung bzw. Besserung oder Zunahme von Schädigungen, der Korrektur oder Eskalation von Belastung durch unangemessene Anforderungen, der Aufhebung, Minderung oder Verstärkung von Benachteiligungen.

Auch ein unaufhebbarer Schaden, wie der Verlust von Gliedmassen, macht allein eine Behinderung nicht zu einer statischen Gegebenheit, da die anderen Komponenten (die Befindlichkeit, die emotionale und kognitive Verarbeitung, die Umfeldbedingungen und -anforderungen) einem stetigen Wandel unterliegen. So kann ein geringfügiger somatischer Schaden durch ungünstige Umfeldanforderungen (z.B. starke Verwöhnungshaltungen) zu einer schweren Behinderung der Betreffenden führen, während durch hilfreich unterstützende Angebote des Umfeldes der Prozess u.U. positiv beeinflusst werden kann, d.h. neben disponierenden, auslösenden, manifestierenden, stabilisierenden und eskalierenden Einflüssen können auch erleichternde Faktoren den Prozessverlauf steuern.

Die prozessbeeinflussenden Faktoren sind nur in Ausnahmefällen singulärer Art. Sie treten vielmehr oft gehäuft auf und beeinflussen sich wechselseitig.

Die prinzipielle Mobilität von Beeinträchtigungen ist jedoch nicht mit beliebiger Veränderbarkeit gleichzusetzen. Die Weckung unerfüllbarer Hoffnungen kann unversehens eine tiefgreifende Resignation nach sich ziehen.

Der Prozess ist weder durch Grenzen noch durch Verlaufsrichtungen von vornherein festgelegt, es sei denn, diese werden - etwa durch negative Prognosen oder resignative Haltungen, reduzierte Erwartungen und Bemühungen - festgeschrieben. So ist es also auch unstatthaft, prognostisch von einem „lebenslänglichen Förderbedarf" zu sprechen.

Über den Balanceverlust hinaus finden sich als dessen häufige Auswirkung Stigmatisierungen der Betroffenen und nicht selten auch ihrer Angehörigen. Sie bewirken eine Ausgrenzung im sozialen Feld, eine Verschlechterung der Lebensbedingungen und eine über- oder unterfordernde Deformierung der Umfeldanforderungen, wodurch der Balanceverlust noch gravierender wird.

## 2.8 Zur Häufigkeit von Beeinträchtigungen

Angesichts der Vielfalt der Faktoren, die konstitutiv für Beeinträchtigungen sind und angesichts der Relationalität ihres Zusammenwirkens, ihrer Verfestigungs-, Verstärkungs- und Kompensationsmöglichkeiten sowie ihres Prozesscharakters verwundert es nicht, dass die

Häufigkeit von Beeinträchtigungen, von Behinderungen wie von Störungen, höchst divergent angegeben wird (vgl. hierzu SANDER 1973).

Hierfür ist neben verschiedenen beruflichen, politischen und anderen Interessenlagen der Grund nicht zuletzt die jeweils gewählte Ausgangsdefinition von Behinderungen und Störungen, die Anzahl der für wichtig gehaltenen Merkmale, deren Stellenwert und Relation zu sehen: Je statischer die Auffassung, desto sicherer die Zahlenbehauptungen, je einseitiger die Sichtweise, desto operationalisierbarer die Ausgangskriterien - allerdings auch desto entfernter von der wirklichen, differenzierten Problemlage.

Hinzu kommt noch der unbefriedigende Entwicklungszustand problemgerechter Erhebungsinstrumente und Einschätzungskriterien.

Trotz aller hier anzubringenden Skepsis bleibt doch aber das Erfordernis bestehen, wenigstens umrisshaft zu verlässlichen Grössenangaben zu kommen, um vernünftige Planungen, Etatansätze usw. zu ermöglichen, auch wenn man sich mit Einschätzungen zufriedengeben muss.

Allerdings werden im Hinblick auf die dargelegten Sachverhalte in jedem Fall wesentlich mehr und bislang weniger berücksichtigte Merkmale herangezogen werden müssen und die Sicht ihres Zusammenhangs sowie die Sorgfalt des Abwägens gegenüber dem blinden Eifer des Messens und Zählens stärker zu pflegen sein.

Auch bezüglich der Häufigkeitsfeststellung von Behinderungen und Störungen besteht eine Relationalität der zu berücksichtigenden Komponenten:

- Je problematischer die individuale Disposition einer Bevölkerungsgruppe, Region, Gesellschaft, der Gesundheitszustand, die medizinische Versorgung, desto weniger können z.B. reguläre Elternwünsche hinsichtlich des Bildungswegs ihrer Kinder befriedigt werden.
- Je ausgeprägter negative Umweltbedingungen, je schlechter die Ausstattung von Kindergärten, Schulen, Universitäten, je weniger Zeit für Kinder, Jugendliche, Partner, desto grösser die Risiken für die Entwicklung der individualen Disposition in somatischer wie in emotionaler und kognitiver Hinsicht.

- Je extremer die Anforderungen, die pädagogischen Utopien oder der Bildungsehrgeiz von Erziehenden, desto grösser das Risiko des Scheiterns und der Entstehung von Minderwertigkeitsgefühlen.

*Je geringer also die Balance von Disposition, Bedingungen und Anforderungen in einer Gesellschaft, desto beträchtlicher die Häufigkeit von Behinderungen und Störungen.*

Borniertheit zählt hier ebenso wie Armut, Konzeptionsmangel ebenso wie Ausstattungsmanko der Schulen als häufigkeitssteigernder Faktor. Es lässt sich unterstellen, dass die Häufigkeit von Behinderungen und Störungen durch eine entsprechende Akzentuierung der Politik gesteigert wie reduziert werden kann.

Trotz der aufgezeigten Probleme von Häufigkeitsfeststellungen lässt sich doch aber von den bereits aufgeführten Minimalvorstellungen bezüglich der zur Sicherung der Existenz und des Zusammenlebens erforderlichen individualen Disposition, Verhaltens- und Erlebensbedingungen und Umfeldanforderungen in einem bestimmten Kulturbereich ausgehen. Darauf fussend lässt sich die Häufigkeit von Beeinträchtigungen abwägen.

So wären etwa bei vorliegenden Lernproblemen neben der Erfassung der kognitiven Funktionen und Kenntnisbestände auch die soziokulturellen Bedingungen und die Angemessenheit der Anforderungen im Verhältnis zur Disposition und den gegebenen Bedingungen zu erfassen.

Dabei gilt, dass je differenzierter die Kriterien und die Diagnostik sind, desto grösser ist die zu erwartende Häufigkeit von Beeinträchtigungen.

Eine ähnliche Relation besteht hinsichtlich der Ausbildung und der Kompetenz der im Felde Tätigen. Je differenzierter ihre Wahrnehmung von Problemen und ihre fachlichen Reaktionsmöglichkeiten, desto grösser die Häufigkeit dokumentierter Beeinträchtigungen (was sich z.B. bereits beim Vergleich von zwei Schulen gleichen Typs in einer Stadt zeigen kann).

Ebenso wie Aussagen über die Häufigkeit von Beeinträchtigungen insgesamt nur mit Vorbehalten möglich sind, gilt dies auch hinsichtlich der verschiedenen Grade von Beeinträchtigungen , da einerseits - wie gezeigt - die Grenzen zwischen den einzelnen Graden grundsätzlich als fliessend anzusehen sind und prinzipiell eine Definition der verschiedenen Grade ebensowenig „hieb- und stichfest" anzugeben ist wie die Linie zwischen Beeinträchtigungen und Nicht-Beeinträchtigungen. Dies ist allerdings nicht als Freibrief für eine zahlenmässige Bagatellisierung des Problems anzusehen. Daher sollte - bis zu differenzierteren Massgaben - an den Aufstellungen etwa des DEUTSCHEN BILDUNGSRATES (1973, 34ff.) oder der EG-Kommission (1992) festgehalten werden. Neben den dabei zugrunde gelegten Schäden der individualen Disposition sollten jedoch die Verhaltensbedingungen und die Umfeldanforderungen in gebührendem Masse berücksichtigt werden.

## 2.9 Beeinträchtigung als sonderpädagogisches Problem

### 2.9.1 Relativität von Sonderpädagogik

Beeinträchtigung - gleich welcher Form und welchen Grades - wird erst dann sonderpädagogisch relevant, wenn eine Person, eine Gruppe oder Institution vorhanden oder vorstellbar ist, die hinsichtlich einer aufgetretenen Problemlage, die den Zuständigen des Regelbereichs wegen fehlender Konzepte bzw. Kompetenzen nicht angehbar erscheint, eine angemessene pädagogische Förderung anzubieten in der Lage ist. *Sonderpädagogik ist also ihrem Wesen nach stets subsidiär.*

An der Konstitution von Sonderpädagogik sind stets mitbeteiligt

- die Erfahrung oder Vermutung des Regelbereichs bzw. der hier erzieherisch Verantwortlichen hinsichtlich der Eingeschränktheit ihrer pädagogischen Kompetenzen,
- die Hoffnung oder das Angebot bezüglich weiterreichender Kompetenzen und auf der anderen Seite

- das Kompetenzbewusstsein von Fachleuten hinsichtlich der Förderung bei vorliegenden Beeinträchtigungen mit dem Glauben an die wertorientierte Veränderbarkeit und den Willen zur Veränderung der Gegebenheiten.

Sonderpädagogik wird somit einerseits durch die Betroffenen bzw. ihre Fürsprechenden und andererseits durch die Angesprochenen bzw. ihre Institutionen und nicht allein durch den Grad der Beeinträchtigung definiert. Die Dinge liegen hier übrigens ähnlich wie bezüglich der Frage nach der Notwendigkeit der Krankenhauseinweisung von Patienten.

Auf ein anderes konstituierendes Merkmal der Sonderpädagogik wurde bereits hingewiesen: auf den Leidensdruck einer beeinträchtigten Person oder ihres Umfeldes und ein entsprechendes Bedürfnis nach Behebung (s. Kap. 2.4). Dieses „Bedürfnis" als von Betroffenen subjektiv erlebter Wunsch und Drang etwa hinsichtlich Hilfe, des Angebotes von Fertigkeiten, Techniken usw. ist zu unterscheiden von „Bedarf". Bedarf wird als „objektive" Bringschuld von Aussenstehenden, von Institutionen und gesellschaftlichen Gruppen zuerkannt. Er kann im günstigen Falle aber zum Bedürfnis werden.

Bedürfnisse wie Bedarf sind auf seiten der Bedürfniserlebenden bzw. der Bedarfsfeststellenden keine festen Grössen, die unbesehen hingenommen werden dürfen. Sie sind vielmehr hinsichtlich ihrer Echtheit und Gerechtigkeit zu überprüfen, und vor allem nicht als einfach aus einer Beeinträchtigung ableitbar anzusehen. Vielmehr bedürfen sie hinsichtlich ihrer Inhalte der Reflexion und der Wertentscheidungen (vgl. hierzu BACH 1993).

Dass in der Praxis nicht selten statt solcher Wertreflexionen unter Berücksichtigung der vielfältigen Komponenten und Teilkomponenten von Beeinträchtigung eine Reduzierung der Kriterien zur Bedarfsfestsetzung z.B. auf einen Intelligenzquotienten oder sonstige monistische Massgaben bzw. naive Normalitätsvorstellungen erfolgt, darf allerdings nicht übersehen werden.

So kann z.B. eine Schule bei Ausstattung mit entsprechend qualifizierten Lehrkräften noch solche Problemlagen bewältigen, die anderswo als ein dringender sonderpädagogischer Bedarf ernstzunehmen sind.

Beide Seiten, die nach Sonderpädagogik Fragenden und die Sonderpädagogik Anbietenden, definieren Sonderpädagogik gemäss ihrer Selbsteinschätzung (Selbstüber- bzw. Selbstunterschätzung) also selbst. Das Erfordernis von Sonderpädagogik ist demgemäss nicht allein durch Form und Schweregrade einer Beeinträchtigung festgelegt, sondern stets auch abhängig von der Selbsteinschätzung, der Qualifikation und der Handlungsbereitschaft beider beteiligten Seiten.

So wird bei diesbezüglich schwachen Voraussetzungen etwa von Eltern und Erziehenden, von Lehrkräften aller Sparten wesentlich eher nach Sonderpädagogik gefragt werden als bei guten Voraussetzungen.

*Sonderpädagogik ist somit eine relative Grösse mit fliessenden Übergängen zur Regelpädagogik.* Man könnte sogar sagen, dass gewisse Anteile des qualifizierten Umgangs mit Problemlagen zur Regelpädagogik gehören und von den hier Verantwortlichen zu leisten sind. Mit anderen Worten: die Definition von Sonderpädagogik sollte keineswegs nur in das Belieben des einzelnen Pädagogen oder der einzelnen Pädagogin gestellt werden.

Allerdings: Je weniger anspruchsvoll z.B. die Ausbildung von Erzieherinnen und Erziehern oder der Regelschullehrerschaft in Bezug auf die Assistenz hinsichtlich möglicher Beeinträchtigungen, desto grösser ist das Erfordernis an sonderpädagogischen Aktivitäten zu veranschlagen; je stärker dagegen entsprechende Problemlagen in der Regelausbildung berücksichtigt sind, desto grösser bleibt der Aktionsradius der Regelpädagogik. Aus diesem Grunde hat übrigens der DEUTSCHE BILDUNGSRAT bereits 1973 (S. 119ff.) eine entsprechende Einbeziehung sonderpädagogischer Fragen für alle Lehrämter empfohlen - ausgehend von der Überlegung, dass es sinnvoller sei, nicht eine zunehmende Ausdehnung der Sonderpädagogik, sondern vielmehr eine Kompetenzerweiterung der Regelpädagogik anzustreben.

Es wäre allerdings leichtfertig, in blossem Vertrauen auf das Engagement der Regelpädagogik auf spezielle sonderpädagogische Kompetenzen sowie Studien- und Ausbildungsgänge zu verzichten. Das wäre etwa so, als würde man versuchen, das medizinische Studium und den Arztberuf durch allgemeine Gesundheitserziehung entbehrlich zu machen.

Da Sonderpädagogik nicht voll deckungsgleich mit einer sonderpädagogischen Profession ist, sind im Übergangsfeld von Regel- zur Sonderpädagogik vielfältige sonderpädagogische Aktivitäten von grosser Bedeutung.

## 2.9.2 Wertorientierung der Sonderpädagogik

Bei jeder Handlung geht es um ein Anstreben von Zielen gemäss bestimmten bewussten oder unbewussten Werten. Alles Handeln ist wertgeleitet (vgl. hierzu HAEBERLIN 1996).

Auch wenn von Förderung gesprochen wird, darf nicht aus dem Auge verloren werden, dass aller Förderung wie jeglicher Handlung eine oft allerdings nur implizite Wertorientierung und Wertentscheidung zugrunde liegt.

Selbst hinter einem Nicht-Fördern, einem blossen „Wachsenlassen" oder „Liegenlassen" steht durchaus auch eine Wertentscheidung (vgl. hierzu LITT 1927). Die Skala verfolgter Beeinflussung reicht grundsätzlich von gesellschaftlich hochgeschätzten bis zu verfemten Förderungstendenzen, etwa von Unterwürfigkeit bis zu Gewaltbefähigung. Auch bei vorliegender Beeinträchtigung wird keineswegs stets die weitgehende Aufhebung eines Mangels an Balance zwischen individualer Disposition, Verhaltens- und Erlebensbedingungen und Umfeldanforderungen angestrebt. Ebenso kann die Erhaltung eines Status quo auf Grund bestimmter Interessenlagen für wünschenswert gehalten und die Beeinflussungsrichtung um der Betroffenen oder aber um der Ordnung, der Gesellschaft willen verfolgt werden.

Gleichfalls der Wertentscheidung unterliegen die *Aktivitätsformen der Pädagogik*. Hier reicht die Skala vom Anregen, Anbieten, Assistieren, Anleiten, Unterstützen, Helfen bis hin zu straffem Fördern,

Eingreifen, Intervenieren, Behandeln, Gängeln, Erzwingen. Auch die *Art* des Handelns ist an bestimmten Werten orientiert.

Es ist zweckmässig, sich das ganze Spektrum dessen, was als Pädagogik verstanden und angeboten wird, zu vergegenwärtigen, um nicht eine bestimmte Auffassung für selbstverständlich und für keiner näheren Begründung oder Kritik bedürftig zu halten (vgl. hierzu auch Kap. 3.3). Wertorientierung, Berufung auf bestimmte Menschenbilder ist nicht in jedem Falle schon Orientierung an positiven Werten. Sonderpädagogisches Handeln ist nicht schon selbstverständlich „gutes", „richtiges" Handeln. Angesichts der vielfältigen wohlmeinend begangenen Irrwege sollte Wertorientierung der Sonderpädagogik eher kritische Wertanalyse und Wertsuche als Mitläufergehorsam bedeuten.

### 2.9.3 Legitimation der Sonderpädagogik

Förderbedürfnis und Förderbedarf

Das Grundproblem der Pädagogik, die Frage nach dem Recht zu erziehen, zur Beeinflussung eines Menschen, ist in der Sonderpädagogik dort gelöst, wo nach besonderer Assistenz gefragt, wo um spezielle Daseinstechniken angesichts vorliegender Beeinträchtigungen von Betroffenen oder seitens erzieherisch Verantwortlicher (Eltern, Lehrende, Lebensberatende usw.) ersucht wird. Allerdings ist das Anliegen der erzieherisch Verantwortlichen keineswegs immer mit dem der Betroffenen identisch. Jedoch ist die Legitimationsfrage hier keineswegs durchgängig nur ein feindliches Aufbegehren mit Verweigerungstendenz (vgl. hierzu etwa v. BRAUNMÜHL 1975).

Allerdings lassen gegenwärtige Tendenzen bis hin zur Infragestellung von Erziehung überhaupt (vgl. hierzu GIESECKE 1985) Bemühungen um eine Legitimation keineswegs überflüssig erscheinen, soll nicht der Vorwurf einer aufgedrängten, unerwünschten, überflüssigen Zwangssonderpädagogik unbeantwortet stehenbleiben.

Sofern also ein *Bedürfnis* im Sinne erhoffter und zugetrauter Hilfsmöglichkeit vorliegt, kann die Legitimationsfrage hinsichtlich dieser Aufgeschlossenheit als beantwortet gelten (z.B. Mobilitätstraining bei

Blindheit, Bewegungsübungen bei motorischer Beeinträchtigung, berufliche Umschulung bei veränderten Wirtschaftsbedingungen).

Offen bleibt allerdings der Legitimationsbedarf im Hinblick auf die *inhaltliche Seite der Bedürfnisse*, denn diese sind keineswegs immer schon an sich legitim. Sie können vielmehr für die Betreffenden oder ihr Umfeld höchst problematisch sein (z.B. Bequemlichkeits- oder Bevorzugungsansprüche). Sie bedürfen also des Abwägens und der Wertentscheidung.

Anders liegen die Dinge dagegen bei der Annahme eines *Bedarfs*, der von Eltern, Angehörigen, Behörden usw. „zum Wohle der Betroffenen" unterstellt wird. Hier wird die Legitimation durch die Verantwortung für das Wohl des zu Erziehenden, Hilfsbedürftigen, Beeinträchtigten begründet.

Unproblematisch ist dies, sofern der unterstellte Bedarf sich mit dem Bedürfnis der Betroffenen deckt. Dass diese Deckungsgleichheit jedoch keineswegs immer besteht, wird durch den (zunehmend auch in Vereinen - etwa als Selbsthilfegruppen - organisierten) Widerstand deutlich (vgl. hierzu ANTOR 1985) - so wohlmeinend der Begriff des Förderbedarfs auch klingt oder gemeint ist.

Das hier aufgezeigte Dilemma liegt darin, dass einerseits gegenüber Menschen etwa mit bestimmten Schäden der individualen Disposition (auch wenn sie Erfordernisse der Hilfe nicht oder noch nicht sehen) eine Verantwortung (auch rechtlich fixierter Art) seitens des Umfeldes besteht - und dass andererseits Erziehung nur in dem Masse greift, wie die Betroffenen mitwirken, den Erziehungsprozess mittragen.

Da Zwang und erzieherische Beeinflussung im Sinne einer überdauernden Dispositionsveränderung sich aber widersprechen, ist die Erfüllung des Förderbedarfs und seine Legitimation davon abhängig, in welchem Masse das Wohl der Beeinträchtigten von diesen auch gesehen oder ihnen einsehbar gemacht werden kann.

Legitimation im Bereiche der Erziehung ist nicht nur als feststellbare Gegebenheit, sondern in gewissem Masse auch als eine herstellbare und herstellungsbedürftige Gegebenheit anzusehen.

So ist vor aller Erziehung nicht selten dafür zu sorgen, dass die Betreffenden ihr wohlverstandenes Interesse erfassen - oder aber dass Unterstellungen der Wohlmeinenden korrigiert werden, weil die vermeintlichen Interessen sich eher den Unterstellern als den Bedachten zuordnen lassen. Dies gilt z.B. bei entsprechenden pädagogischen Wertentscheidungen im Hinblick auf die weitmögliche Selbstbestimmung und Mitbestimmung hinsichtlich der angestrebten Ziele und Vorgehensweisen.

Neben der inhaltlichen Seite des Angebots geht es zugleich um die *Art des Anbietens*. Die Erzwingung der Abnahme, die Aufnötigung der Angebote kollidiert mit Würde und Freiheitsanspruch der Bedachten und ist kaum legitimierbar, selbst wenn sie sich auf die Ansprüche des Umfeldes und der Gesellschaft beruft.

Ebenso wie Bedürfnisse nach sonderpädagogischer Assistenz kann auch mitunter wohlmeinend verordneter sonderpädagogischer Bedarf fragwürdige Begünstigung (etwa im Sinne der Bevormundung, der unstatthaften Einschränkung der Selbstbestimmung) sein. Oder er kann durch die Art des Angebots zu unbilliger Zumutung werden, so etwa wenn Fachleute oder Behörden unsensibel robust Einweisungen in bestimmte Fördereinrichtungen vornehmen oder Massnahmen anordnen, ohne die Betroffenen anzuhören.

Schliesslich bedarf neben Inhalt und Art auch der *Umfang von Anforderungen* sonderpädagogischer Förderung etwa seitens der Eltern oder der Regelschullehrer und -lehrerinnen und der Bedarfsfeststellungen seitens der Zuständigen (etwa der Kostenträger) der Legitimation (vgl. hierzu BACH 1993).

Bei der Verwendung des Begriffs „Förderbedarf" wird nur zu oft übersehen, dass er auch bezüglich des Umfangs eine Wertentscheidung einschliesst, denn auf die Ausgangslage eines Menschen kann auf sehr unterschiedliche Weise reagiert werden. So kann z.B. das Unvermögen in einem Unterrichtsfach umgedeutet werden als quantitativer oder qualitativer besonderer Förderbedarf - oder aber resignierend als geringerer Förderbedarf, dem man mit reduzierter Förderung begegnen sollte, in der Schule etwa durch den Hinweis auf die

Abwahlmöglichkeit eines Faches, „Befreiung vom Unterricht", vorzeitige Entlassung, Verkürzung der Schulbesuchsdauer.

Ingesamt zeigt sich, dass sich die Legitimation von Recht, Inhalt, Art und Umfang sonderpädagogischen Handelns keineswegs bereits aus den Bedürfnissen der Betroffenen oder aus den wohlmeinenden Bedarfsunterstellungen oder behördlichen Anordnungen gewissermassen von allein ergibt, sondern sorgfältiger Begründungen bedarf.

Nun ist der Förderbedarf jedoch nicht allein in die Entscheidungsfreiheit der jeweils Beteiligten gestellt. Vielmehr gibt es Pläne, die bestimmten Traditionen und gesellschaftlichen Vorstellungen verpflichtet sind. Solche Erwartungen und Anforderungen mit bestimmten Standards sind differenziert nach Altersstufen und z.T. auch nach Regionen.

Bedarf wird oft ungleich bemessen, ohne dass hierfür immer hinreichende Gründe angegeben werden. So wird etwa unter Berufung auf einen diffusen Veranlagungsbegriff, auf undiskutierte Erfahrungsbehauptungen oder Traditionen dem einen ein umfänglicherer oder differenzierterer Förderbedarf zugebilligt als dem anderen.

Dem steht die Forderung nach der Gleichheit aller und der entsprechenden Gleichheit der Bedarfsbefriedigung gegenüber. Hier kommt - neben der genannten Wertentscheidungskomponente - die Anspruchskomponente des Bedarfsbegriffs ins Blickfeld - und zwar in zweierlei Hinsicht.

## Anspruch auf Förderung

Zum einen wird unter Bedarf in gewissem Masse zugleich ein Anspruch der Gesellschaft verstanden, dafür zu sorgen, dass der Bedarf auch erfüllt wird, so etwa mit dem Instrument der Schulpflicht, deren Erfüllung durch das Interesse der Gesellschaft an einer ausreichenden Qualifikation des einzelnen begründet wird, u.a. damit er dem Gemeinwesen nicht eines Tages zur Last falle. Allerdings erstreckt sich dieser gesellschaftliche Anspruch nur auf einen Grundbedarf (z.B. durch ein Minimum an Schulpflichtzeit gekennzeichnet), so dass Spielraum für unterschiedliche Ausformungen, Qualitätsebenen, Interessenschwerpunkte bleibt und individuelle Ansprüche nicht durch einen alles nivellierenden Bedarfsbegriff verdrängt werden.

Zum anderen wird nun aber unter dem Begriff des Förderbedarfs auch der Anspruch des einzelnen auf dessen Erfüllung verstanden, gewissermassen als ein einklagbares Recht.

Hier kann nun ein zusätzlicher Förderbedarf aufgrund einer besonderen Begabung, aufgrund besonderer Schwächen oder aufgrund abgehobener Vorstellungen von einer „optimalen" Förderung reklamiert werden. Zentrales Kriterium für die Abweisung von unangemessenen Ansprüchen des einzelnen ist es, wenn diese nur auf Kosten anderer zu erfüllen sind. Ausgehend von dem Grundsatz der Rechtsgleichheit aller sind Förderungsansprüche nur in dem Masse gerechtfertigt, als sie prinzipiell auch allen zugebilligt werden können.

Wie für besonders schwere Lebenssituationen besondere Hilfen seitens der Gesellschaft zugebilligt werden, so werden zur Förderung besonderer Begabungen z.B. besondere Kurse, Schulen, Hochschulen angeboten, ohne dass maximale Wünsche von der Solidargemeinschaft akzeptiert werden.

Durch dieses Kriterium der Rechtsgleichheit konstituiert sich ein Regelbedarf an Förderung. Dieser ist u.a. bestimmt durch die genannten Traditionen, geltende Standards, Ziele, Richtlinien, gesellschaftlichen Erwartungen und damit zugleich auch durch einen bestimmten Umfang der für die Förderung vorgesehenen Mittel, Lehrerstellen, Qualität der Lehrerausbildung, Unterrichtsumfang (etwa durch Stundentafeln, Dauer der Schulpflicht usw.).

Innerhalb dieses Regelrahmens würde nun jedoch Gleichförmigkeit und Gleichmässigkeit von Förderangeboten der Ungleichheit des Bedarfs des einzelnen in seinen unterschiedlichen Lebenssituationen nicht hinreichend Rechnung tragen und Ungerechtigkeit durch äussere, nivellierende Gleichheit bewirken.

So wie ein Kranker besonders intensiver Pflege, Ernährung, Stütze bedarf oder wie für ein Kind zu besonderen Zeiten vermehrte Zuwendung, Ruhe, Anregung erforderlich sind, besteht auch für den Einzelnen zu bestimmten Zeiten unter bestimmten Bedingungen, in besonderen Lebensverhältnissen ein zusätzlicher Förderbedarf.

Wenn jedem Kind z.B. nach längeren Schulversäumnissen, bei Schwierigkeiten in bestimmten Unterrichtsbereichen oder bei langfristigen umfänglichen Beeinträchtigungen ein Anspruch auf zusätzlichen, d.h., über das Regelhafte hinausgehender Förderbedarf zugebilligt wird, lässt sich von Chancengerechtigkeit sprechen.

Die Zubilligung von *zusätzlichem Förderbedarf* ist also unter den genannten Bedingungen Ausdruck der Rechtsgleichheit im pädagogischen Raum.

Wenn hier ausdrücklich von zusätzlichem Förderbedarf und nicht von sonderpädagogischem Förderbedarf die Rede ist, so soll damit offengehalten werden, dass eben nicht jeglicher zusätzliche Förderbedarf zugleich auch *sonderpädagogischer* Förderbedarf ist und dass der Übergang von regelhaftem zu sonderpädagogischem Förderbedarf fliessend ist.

Erst wenn eine über das Übliche hinausgehende Förderung nicht mehr billigerweise dem Regelbereich (z.B. aufgrund von Ausbildung, Berufserfahrung, persönlicher Situation der hier Tätigen) zugemutet werden kann, bedarf dies zusätzlicher Legitimation.

Schliesslich bedarf sonderpädagogisches Handeln im Hinblick auf seine *Wirksamkeit* der Legitimation. So bewegend auch manche Bemühungen namentlich um schwer beeinträchtigte Menschen sind, gerade um derentwillen ist eine Überprüfung der Wirksamkeit der verwendeten Konzepte, Methoden, Techniken hinsichtlich der Zielerreichung unerlässlich, um zu problemgerechten Verbesserungen des Vorgehens zu kommen. (vgl. hierzu HAGMANN 1995, 13ff.)

## 2.9.4 Sonderpädagogik und ihre Nachbardisziplinen

Um erforderliche Kompetenz- und Verantwortlichkeitsgrenzen und eine sachgerechte Akzentuierung des Aufgabenfeldes zu gewährleisten, ist die Unterscheidung zwischen Sonderpädagogik und ihren Nachbardisziplinen, insbesondere der Allgemeinen Pädagogik, der

Sozialpädagogik, der Medizin, der Sozialpolitik, der Psychologie und der Philosophie von Bedeutung.

*Allgemeine Pädagogik*, d.h. Pädagogik unter Einschluss auch der Sonderpädagogik, wird hier als Gesamtbegriff gebraucht unter ausdrücklicher Einbeziehung von Bildung ebenso wie von Erziehung.

Allgemeine Pädagogik in diesem weiten Sinne ist ein Handeln und strebt als solches stets bestimmte Ziele, und zwar bezüglich der Erlebens- und Verhaltensdisposition eines Menschen an - gleich ob dies durch offenkundige Aktivitäten oder Unterlassungen geschieht.

Insofern ist sie im Sinne von BREZINKA (1976a) Beeinflussung - selbst wenn sie nicht auf präzise Ziele hin gerichtet und eher durch Zurückhaltung als durch ein Machen erfolgt. Hier gilt wie ähnlich für andere Zusammenhänge von WATZLAWICK formuliert: Man kann nicht nicht beeinflussen, was übrigens zugleich auch Verantwortung aufbürdet in dem strengen Sinne: Man kann im Umgang mit Menschen nicht nicht verantwortlich sein.

Wenn hier Beeinflussung oder Förderung inhaltlich wie der Art nach neutral verstanden wird, so hat dies seinen Grund darin, dass alle Intentionen und Formen von Erziehung (und nicht nur die von einer bestimmten Position aus für gut, für richtig gehaltenen) im Blickfeld bleiben und damit als auch zur Erziehung gehörig der Kritik unterzogen werden können (vgl. hierzu BREZINKA 1976a).

Dies gilt für die inhaltliche Seite der Zielposition wie für die Aktivitätsformen und für die Art der Nachfrage von Bitten um Unterstützung und Hilfe bis zu Aufoktroyierungen von Vorstellungen etwa im Sinne gesellschaftlicher Zwänge.

Zusammengefasst ist Pädagogik dadurch gekennzeichnet, dass sie

- stets etwas bewirken bzw. ermöglichen will, und zwar bezüglich
- der Verhaltens- und Erlebensdisposition von Menschen oder Menschengruppen aller Altersstufen
- in funktionaler wie inhaltlicher,
- in grundlegender wie in verstärkender oder korrigierender Hinsicht, d.h. sie ist

- auf die Gestaltung dauerhafter Ausgangsgegebenheiten psycho-physischer Art gerichtet und damit zugleich
- ziel- bzw. wertorientiert; sie verfolgt diese Intention
- mehr oder minder bewusst,
- auf direkte oder undirekte Weise (d.h. etwa durch Umweltgestaltung, soziale Arrangements, Abschirmung, Bücher, Vorbilder, verbale Hinweise, Verstärkungen usw.)
- unter mehr oder minder starker Mitwirkung des Betroffenen (d.h. nicht ohne einen gewissen Mitvollzug).

*Erziehung ist verantwortliche, d.h. wertorientierte Beeinflussung/ Förderung von Menschen durch Eröffnen, Ingangbringen bzw. Steuern, Verstärken oder Korrigieren von Entwicklungs- bzw. Lernprozessen, um ihnen bestimmte Erlebens- und Verhaltensdispositionen, d.h. auf Dauer wirksame Bereitschaften zu vermitteln - durch mehr oder minder bewusste, direkte oder indirekte, auf Mitwirkung der Betroffenen angewiesene Massnahmen.* Sonderpädagogik als Teilgebiet der Pädagogik folgt gleichfalls diesen Bestimmungsmerkmalen, jedoch mit den Modifikationen, die durch das Vorliegen bestimmter Problemlagen und entsprechender Beeinträchtigungen hervorgerufen werden.

*Medizin* befasst sich im Unterschied zu Pädagogik vor allem mit der Beeinflussung somatischer Schäden der individualen Disposition, ihrer Ätiologie, Diagnostik und Therapie mit überwiegend physischen Mitteln (Medikamenten, Physiotherapie, Diät, Operationen, Hilfsmitteln wie „Körperersatzstücken" usw.). Sie stellt damit im Rahmen des Möglichen die physischen Voraussetzungen für emotionale und kognitive Entwicklung her, deren Ziele und Förderung in das Aufmerksamkeitsfeld der Pädagogik bzw. Sonderpädagogik fallen.

Darüber hinaus vermag sie pädagogisch relevante Hinweise bezüglich der zu erwartenden Veränderungen somatischer Voraussetzungen für Entwicklungsprozesse zu geben. Insofern sind Medizin und Sonderpädagogik Nachbardisziplinen, wobei sich für den pädagogischen Bereich die auf psycho-physische Entwicklung abzielenden Massnahmen (Erziehung), für den medizinischen Bereich dagegen die physischen Beeinflussungsmöglichkeiten (Therapie) als Aufmerksamkeitszentren anbieten.

Insoweit verschiedene Teildisziplinen der Medizin, insbesondere Pädiatrie und Psychiatrie, neben somatischer Therapie auch auf die Ingangsetzung von emotionalen und kognitiven Entwicklungen abzielen, überschneiden sie sich mit der Sonderpädagogik.

Angesichts des jeweiligen Stellenwerts der individualen Disposition und nicht zuletzt ihren somatischen Teilkomponenten bei Entstehung, Erhaltung und Veränderung von Beeinträchtigungen kommt der Kooperation der Sonderpädagogik mit der Medizin eine differenzierte Bedeutung zu.

Bei verschiedenen Beeinträchtigungen ergeben sich im Überschneidungsfeld von Medizin und Pädagogik bestimmte medicopädagogische Aufgaben, deren Übernahme seitens der Erziehung unerlässlich ist. Das gilt etwa für die Beobachtung physischer Entwicklungsverläufe, die Beachtung bestimmter medizinischer Schon-, Medikations- und Apparateverordnungen und die erforderliche ergänzende Übung hinsichtlich spezieller Funktionen.

Die *Sozialpolitik* richtet ihr Augenmerk vor allem auf die Beeinflussung der Verhaltens- und Erlebensbedingungen - durch Gesetze, Erlasse, sonstige Regularien, Sicherstellung der erforderlichen finanziellen Mittel und der Öffentlichkeitsarbeit zur Veränderung von Einstellungen gegenüber beeinträchtigten Personenkreisen. Diese Begriffe signalisieren, in welch unterschiedlichen Richtungen sozialpolitische Aktivitäten wirksam sein können (vgl. hierzu BACH 1990).

Grundsätzlich bedarf es, trotz Unterschiedlichkeit der Aktivitätsakzente, einer entschiedenen Kooperation beider Disziplinen angesichts des Stellenwertes der Sozialpolitik für die sonderpädagogischen Anliegen und des sonderpädagogischen Beratungsbedarfs der Sozialpolitik.

*Die Soziologie* befasst sich mit den Formen, Beeinflussungen, Abläufen und Problemen gesellschaftlichen Zusammenlebens. Insoweit sie dabei unregelhafte, Beeinträchtigungen bewirkende Gegebenheiten bedenkt, kann sie als sonderpädagogische Soziologie bezeichnet und als Nachbardisziplin der Sonderpädagogik verstanden werden.

Die *Sozialpädagogik* befasst sich mit der besonderen Erziehung bei vorliegenden sozialen Benachteiligungen schichtspezifischer, regionaler, epochaler oder anderer Art. Die traditionelle Grenzziehung zwischen Sonderpädagogik und Sozialpädagogik ist insofern als problematisch anzusehen, als sie zwei zusammengehörige Bereiche unzweckmässigerweise trennt. So sind Gefährdungen, traditionelles Aufgabenfeld der Sozialpädagogik, als disponierende Bedingungen für die Entstehung von Störungen anzusehen oder können als eskalierende Bedingungen das Gewicht von Behinderungen u.U. wesentlich verstärken.

Wegen der häufigen Folgen von Gefährdungen in der Form von Störungen oder Behinderungen greift eine isolierte Sozialpädagogik i.e.S., die nicht zugleich individuale Beeinträchtigungen und entsprechende pädagogische Konsequenzen wahrzunehmen vermag, zu kurz.

Wegen der verstärkenden, wenn nicht bewirkenden Einflüsse von Gefährdungen hinsichtlich der Störungen und Behinderungen ist andererseits eine isolierte Sonderpädagogik, die nicht zugleich die sozialen Benachteilungen der Sachumwelt und der personalen Umwelt und die entsprechenden pädagogischen Konsequenzen wahrzunehmen vermag, eine bruchstückhafte Disziplin. Durch die traditionelle laboratoriumsmässige Verengung der Sonderpädagogik auf die individualen Beeinträchtigungen werden neben den wichtigen somatischen Entstehungsbedingungen und den entsprechenden Aufgaben die gravierenden sozialen Benachteiligungen pädagogisch oft nur höchst unzureichend zur Kenntnis genommen.

Wenn Sozialpädagogik hier implizit und logischerweise als ein Teilgebiet der Sonderpädagogik aufgefasst wird (man könnte das Verhältnis bzw. die Benennungen auch umkehren), so heisst dies nicht, dass es nicht spezielle Aufgaben-, Ausbildungs- und Berufsbildakzentuierungen geben sollte. Jedoch wären gemeinsame und angrenzende Problemstellungen wesentlich stärker als bislang ins Blickfeld zu rücken (vgl. BACH 1984a).

Die *Psychologie* befasst sich mit den Regeln psychischer Abläufe bzw. deren Äusserungen und Beeinflussungen einschliesslich der entsprechenden Diagnostik. Insoweit sie dabei ihre Aufmerksamkeit solchen Abläufen zuwendet, die erschwerenden Bedingungen unterliegen, kann sie als sonderpädagogische Psychologie bezeichnet und als Nachbardisziplin der Sonderpädagogik verstanden werden. Insoweit sie sich mit Massnahmen zur Behebung von Beeinträchtigungen durch Ingangsetzung von Entwicklungsprozessen befasst, wird sie zu einem Teilgebiet der Sonderpädagogik. Ihrem Selbstverständnis als Feststellungswissenschaft liegt die Frage nach dem Wirklichen näher als die nach dem Seinsollenden. Deshalb überschreitet die Reflexion der zu erreichenden Ziele ihren eigentlichen Bereich (vgl. hierzu BACH 1986b).

Die *Philosophie* befasst sich in ihrem Teilbereich der Ethik mit dem zu Erstrebenden und berührt sich dabei mit der Teleologie als einem Teilbereich der Sonderpädagogik, ohne dabei die erschwerenden Bedingungen für das Erreichen der Ziele zum Gegenstand zu haben. Sonderpädagogische Teleologie konzentriert sich demgegenüber auf Zielfragen angesichts besonderer Gegebenheiten, d.h. auf eine Spezifität ethischer Fragestellungen.

Am engsten benachbart ist die Sonderpädagogik mit der Regelpädagogik und ihren Teildisziplinen - allein wegen der fliessenden Übergänge, Überschneidungsfelder und Kooperationserfordernisse.

Die verschiedenen benachbarten Disziplinen berühren und überschneiden mit ihren Fragestellungen und Massnahmen ebenso die Sonderpädagogik wie sie miteinander verflochten sind (s. Abb. 7).

Durch die schwerpunktmässige Konzentration auf den zentralen Beitrag der eigenen Disziplin kann ein arbeitsteiliges Kooperationsverhältnis zwischen den verschiedenen benachbarten Disziplinen, auch in den Überschneidungsgebieten, am ehesten angebahnt werden (s. Abb. 8). Vgl. hierzu auch Kap. 4.13.

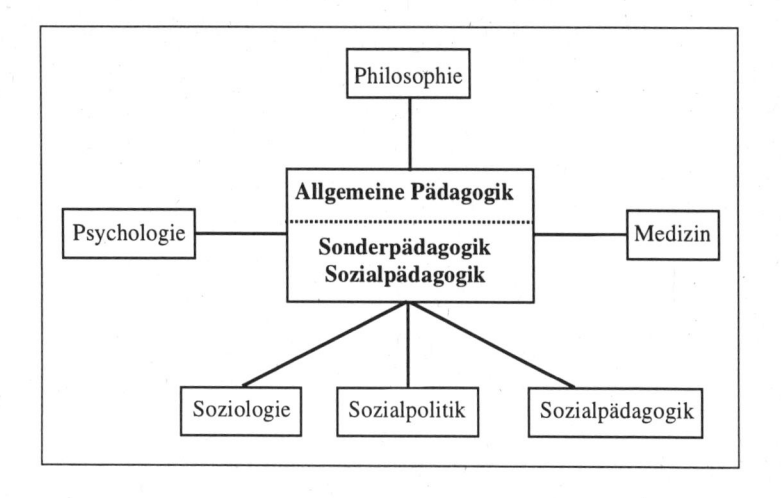

```
                    ┌─────────────┐
                    │ Philosophie │
                    └─────────────┘
                           │
              ┌───────────────────────────┐
              │   **Allgemeine Pädagogik**│
┌──────────────┤ ........................ ├──────────┐
│ Psychologie  │   **Sonderpädagogik**    │ Medizin  │
└──────────────┤     **Sozialpädagogik**  ├──────────┘
              └───────────────────────────┘
```

**Abbildung 7**     Benachbarte Fragestellungen der Sonderpädgogik

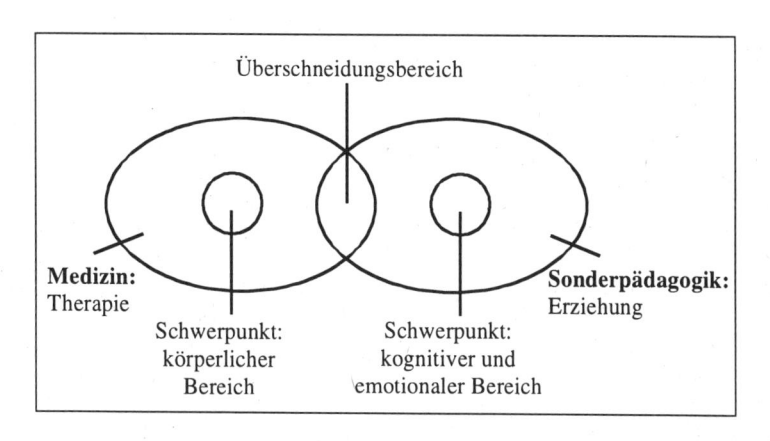

**Abbildung 8**     Schwerpunktkonzentration der Disziplinen – Beispiel: Sonderpädagoik und Medizin

Angesichts der hier als relationaler Sachverhalt mit seinen Komplexitäten, Graden und Prozessen umschriebenen Beeinträchtigungen gilt es nun zu fragen, in welcher Weise die entscheidenden Kategorien der Beeinflussung/Förderung von Menschen:

- die Ziele,
- die Handlungsformen und
- die Organisationsformen

besonderer Modifikation bedürfen.

Dies soll in den 3 folgenden Kapiteln geschehen.

# 3. Besondere Ziele der Sonderpädagogik

## 3.1 Zum Begriffsfeld

Ziele sind - im allgemeinen Sprachverständnis - angestrebte Endpunkte von Handlungsabläufen. Sie sind erreicht, wenn bestimmte Kriterien erfüllt sind. Wenn demgegenüber von Erziehungszielen die Rede ist, kommen eher allgemeine, formale Richtungen zur Sprache als präzis definierte Endpunkte. Erziehungsziele haben im Grunde den Charakter von *Intentionen*, die es weitmöglich zu verfolgen gilt. Damit eignet ihnen einerseits stets etwas von Unschärfe und dementsprechend zugleich von Missverständlichkeit aber anderseits auch von Offenheit und von Verzicht auf voreilige Begrenzungen.

Wenn hier der traditionelle Begriff der *Erziehungsziele* (gelegentlich wird auch von *Leit- oder Richtzielen* der Erziehung gesprochen) für die angestrebten Veränderungen von psychischen Dispositionen beibehalten wird, um bestimmte Grundideen des Handelns zum Tragen kommen zu lassen, soll jedoch ein schematisierender Operationalisierungsdrang vermieden werden.

Im Hinblick auf bestimmte *Nahziele* der Erziehung scheint eine solche Operationalisierung dagegen eher angemessen, da sie den Weg zu weiteren Zielen nicht versperrt. Man spricht in dieser Hinsicht auch von Lernzielen, was akzeptabel ist, wenn damit keine Einengung auf kognitive Ziele oder gar auf blosse Wissensbestände erfolgt. Unterrichtsziele sind Nahziele, die in bestimmten organisatorischen Arrangements angestrebt werden.

Von Erziehungszielen im Sinne von allgemeinen Erziehungsintentionen sind *Erziehungsideale* oder erzieherische *Leitbilder* zu unterscheiden. Sie sind durch plastische Vorstellungen von *Menschenbildern* gekennzeichnet, die den Charakter des Nie-ganz-Erreichbaren haben, Orientierungsmodelle, bei denen die individuellen Möglichkeiten zu konkreter Verwirklichung unberücksichtigt bleiben. Erziehungsideale oder Leitbilder sind Kompaktangebote, die - abgesehen von ihrer historischen Bedingtheit und raschen Überfälligkeit - zu unkritischer Übernahme auch problematischer Einzelzüge zu verführen angetan sind, d.h. eher zum Schwärmen und unbesonnenen Nacheifern als zu verantwortlicher Sondierung verleiten.

Abstrakter als Ideale sind *Werte*: Sie sind von einem oder von vielen Menschen (in einem Wertkonsensus) persönlich Begehrtes, Angestrebtes, zu Verwirklichendes und gehen insofern in Erziehungsziele ein, ohne jedoch schon direkt erzieherische Handlungsziele zu sein.

Da hier nicht der Ort für eine Diskussion der Begriffe „Erziehung" und „Bildung" ist, soll im folgenden gelten, dass *„Erziehungsziele"* im Sinne von Intentionen und *„Bildungsziele"* als gleichbedeutend angesehen werden, sofern unter jedem ohne inhaltliche Einschränkung die beabsichtigte Beeinflussung der Erlebens- und/oder Verhaltensdisposition von Menschen verstanden wird. Lediglich zur Vermeidung von Missverständnissen erfolgt hier eine Festlegung auf das Wort „Erziehungsziel" für diesen Sachverhalt.

Unter *Erziehungszwecken* schliesslich ist das zu verstehen, „um dessentwillen Menschen Erziehungsziele setzen" (BREZINKA 1981, 149f.), es sind gewissermassen die Ziele, um derentwillen der Handelnde bestimmte Erziehungsziele anstrebt. Die Zwecke liegen ausserhalb der zu Erziehenden. Sie kennzeichnen die Interessenlage der erzieherisch Zielsetzenden und Handelnden.

## 3.2 Zur Funktion von Erziehungszielen

Die Reflexion von Erziehungszielen ist wegen der verschiedenen Funktionen dieser Ziele auch für die Sonderpädagogik von besonderer Bedeutung:
- Sie können dem erzieherischen Handeln vertieften Sinn geben.
- Sie können eine verbesserte Orientierung der erzieherischen Bemühungen ermöglichen und damit

- zur Profilierung des Handelns beitragen, es - durch Klärung der Absichten - effektiver machen.
- Sie versetzen in die Lage, widerstreitende Einflüsse des erzieherischen Umfeldes zu identifizieren und zu berücksichtigen.
- Erziehungsziele bilden den Ausgangspunkt für die Suche nach geeigneten Verfahren, Mitteln und Organisationsformen der Erziehung (vgl. BREZINKA 1981, 150).
- Sie sind Voraussetzung für eine Verständigung zwischen Erziehenden und anderen einflussnehmenden Personen und damit für ein argumentatives Ringen um angemessene Ziele und für eine mögliche Kooperation.
- Sie beinhalten die Kriterien für eine Erfolgskontrolle (und ggf. für Korrekturnotwendigkeiten) erzieherischen Handelns, obgleich es sich dabei - angesichts der relativen Allgemeinheit von Erziehungszielen - lediglich um Überprüfung von Trends handeln kann (vgl. BREZINKA 1981, 151).
- Sie ermöglichen in diesem Sinne zugleich den zu Erziehenden, ihre Fortschritte zu ermitteln oder
- in einen Dialog mit den Erziehenden bezüglich der Angemessenheit der Einflussintentionen zu treten und unterschiedliche Interessenlagen zur Sprache zu bringen.
- Erziehungsziele wirken sich zudem auf die Gesellschaft aus, indem sie geltende Wertorientierungen zu stützen, in Frage zu stellen oder zu verändern angetan sind.
- Erziehungsziele können aber auch wegen ihrer relativen Allgemeinheit und entsprechenden Missverständlichkeit der bewussten oder unbewussten Verschleierung insgeheim verfolgter Intentionen dienen (vgl. KLAFKI 1974, 26) oder
- unbeabsichtigte Veränderungen bei den zu Erziehenden und hinsichtlich des gesellschaftlichen Wertbewusstseins bewirken, wenn sie nicht hinreichend reflektiert sind.

## 3.3 Erfordernis der Wertentscheidung

Wo immer Handlungen geplant oder realisiert werden, sind sie auf Gestaltung oder Veränderung, jedenfalls auf Ziele gerichtet, d.h. auf die Erreichung eines Zustandes, um den es den Handelnden geht, der ihnen wertvoll ist.

Wenn nun diese Ziele im Bereiche der Sonderpädagogik oft als selbstverständlich hingestellt und demgemäss als keiner näheren Reflexion bedürftig angesehen werden, so gerät dabei nur zu leicht aus dem Blickfeld, dass es doch aber Ziele gibt, die fraglos angestrebt, von anderen jedoch als extrem problematisch abgelehnt werden. Das gilt z.B. für manche Anspruchshaltungen bei vorliegenden Beeinträchtigungen.

Ebensowenig wie aus vermeintlichen Selbstverständlichkeiten ergeben sich verlässliche Zielstellungen aus der Diagnostik von selbst, etwa aus einer gestörten Balance aufgrund einer Schädigung der individualen Disposition z.B. durch eine kognitive Beeinträchtigung. Hier kann durchaus statt entsprechender Bemühung um eine Förderung in kognitiver Hinsicht die Obsorge für eine Verbesserung der evtl. zugrunde liegenden emotionalen Situation vorrangig angebracht sein. Aber es ist, und hier wird das Erfordernis von Wertentscheidungen bei Zielstellungen besonders deutlich, auch bei bestimmten Interessenlagen des Umfeldes der Fortbestand von Abhängigkeit als Ziel denkbar, um damit die Erhaltung der vertrauten und befriedigenden Helferrolle abzusichern.

*Aus dem jeweils vorliegenden Problem und den entsprechenden diagnostischen Ergebnissen allein ergeben sich also keineswegs abgesicherte, verlässliche, „richtige" Ziele.*

Ziele fussen, ob man will oder nicht und ob dies bewusst ist oder nicht, stets auf Auswahl und Setzung, auf Wertentscheidungen, gleich ob man sie nun selber fällt, unter Mitbeteiligung anderer sucht oder fällen lässt bzw. sie gläubig übernimmt.

Erziehungsziele werden stets gesetzt. Sie sind weder selbstverständlich noch können sie allein aus den besonderen Gegebenheiten eines Personenkreises abgeleitet werden, wenn diese Gegebenheiten auch der Berücksichtigung bedürfen. Sie fussen vielmehr auf Vorstellungen über bestimmte Möglichkeiten und Wünschbarkeiten von Erlebens- und Verhaltensdispositionen bestimmter Personen.

Welche Verfahren für die Wertermittlung und Wertentscheidung bieten sich nun an?

## 3.4 Zur Methode der Zielermittlung

Ziele sind letztlich Projektionen von bestimmten kombinierten psychologischen, biologischen, soziologischen, historischen u.a. Erkenntnissen, die bestimmte handlungsmotivierende Schlussfolgerungen darstellen und durch Erwägung möglicher Handlungsfolgen modifiziert werden können.

Diese Projektionen gilt es nun im Hinblick auf die individualen Dispositionen und auf die Entwicklungsbedingungen zu akzentuieren.

Hilfreich ist es dabei, wenn die Zielermittlung in dialogischem Verfahren mit anderen Erziehenden und Verantwortlichen in der Bemühung um Konsensfindung erfolgt (eine Aufgabe, die sich in der Erziehungsberatung wie in Lehrerkollegien, zwischen Eltern usw. im Erziehungsalltag stets stellt).

Das Vorgehen der geschilderten Art beim Prozess der erzieherischen Zielbestimmung ist angesichts seiner methodologischen Fundierung wie seiner erfahrungswissenschaftlichen Bezüge legitimer Bestandteil einer Wissenschaft von der Erziehung und nicht als blosse Erziehungsphilosophie von dieser auszugrenzen.

Gerade in der Sonderpädagogik hat es eine gewisse Tradition, dass beim Prozess der Zielermittlung den Betroffenen angesichts vorliegender Beeinträchtigung die Mitwirkung wohlmeinend abgenommen und ohne langes Fragen für sie entschieden wird.

Derartige Fremdbestimmung, so verständlich sie bei extremen Problemlagen auch sein mag, unterstellt mit oft nur recht begrenzter

Treffsicherheit den Bedarf hinsichtlich des gegenwärtigen und zukünftigen Lebens der Betroffenen.

Erzieherische Zielsetzungen können aber auch durch Umkehrung des Bezuges verändert werden, indem die zu Erziehenden die psychische Disposition der Erziehenden beeinflussen - und damit gewissermassen zu Erziehern werden. Bekanntlich erziehen auch Kinder ihre Eltern - wenn dabei auch die Bewusstheit ihrer Zielsetzungen, ihre Motivationschancen, ihr Mittelarsenal und ihre Durchsetzungs- bzw. Sanktionschancen geringer sind als die ihrer Eltern. Daher ist es auch nicht zweckmässig, unter Erziehung nur die entsprechende Einflussnahme der älteren Generation auf die jüngere zu verstehen und die erzieherischen Aktivitäten der Jüngeren nur unter negativem Aspekt zu sehen.

Eine mittlere Position besteht darin, dass Zielbestimmungen in einem partnerschaftlichen Dialog mit den Zu-Erziehenden und anderen Erziehenden entwickelt und modifiziert werden, wobei ein wechselseitiges Überzeugen zum Verhandlungsprinzip wird. Für diese dialogische Form spricht vor allem ihr hoher Motivations- und Wirkungsgrad. (Vgl. hierzu etwa die Beiträge des Kongresses „Ich weiss doch selbst, was ich will!!" der BUNDESVEREINIGUNG LEBENSHILFE FÜR GEISTIG BEHINDERTE (1996)).

## 3.5 Kriterien der Zielbestimmung

### 3.5.1 Die Grundentscheidung

Unter den Kriterien der Ermittlung von Erziehungszielen kommt der Grundfrage, ob die Betroffenen um ihrer selbst willen zu fördern seien oder ob die Gesellschaft den Vorrang haben müsse, richtungsentscheidende Bedeutung zu. Von einer Orientierung an puren Erzieherinteressen sei hier abgesehen.

Neben dem Hinweis auf die moralische Unzulässigkeit, einen Menschen als blosses Mittel zum Zweck für andere zu erniedrigen, wie KANT es dargelegt hat, ist die Erziehung jedes Menschen um seiner selbst willen zu begründen, da jeder um seiner selbst willen und nicht gemäss den Interessen anderer angeregt werden möchte und sollte.

Selbst hinsichtlich der als wohlmeinend gegenüber dem Individuum hingestellten sogenannten Forderungen der Gesellschaft als Ausgangspunkt der Zielbestimmung erhebt sich Skepsis, sofern die eigentlich Fordernden anonym bleiben. So ist nicht hinreichend sicher, dass ihre Forderungen dem Individuum und nicht ihren eigenen Interessen oder einer abstrakten Idee dienen, der Menschen unterworfen werden sollen.

Wie steht es nun aber mit einem Menschen, der nichts anderes gewohnt ist, als Mittel von Zwecken anderer zu sein und mit solchem Zustand zufrieden zu sein scheint? Aus der allgemeinen Erfahrung, dass grössere Unabhängigkeit, grösseres Selbst-sein-können umfänglichere Befriedigung bietet als Fremdbestimmtheit, würde man sich wünschen, dass die eigenen Erzieher und Erzieherinnen einen aus voreiliger Zufriedenheit wecken. Identifizierung mit dem betroffenen Menschen, die Vorstellung, in seiner Lage zu sein, führt am unmittelbarsten zur Erkenntnis seiner Bedarfslage. Dies gelingt sicher nur unzureichend, aber es ist konkreter, aufschlussreicher und motivierender als distanziertes Unterstellen und mehr als blosse „Parteinahme". Identifizierung auch im Sinne des Mitfühlens und Mitleidens ist jedenfalls die Weise grösstmöglicher Nähe zum anderen.

Aus den genannten Gründen wird hier davon ausgegangen, dass die erzieherische Zielsetzung für beeinträchtigte Menschen in ihrem eigenen Interesse und nicht um fremder Interessen und auch nicht in erster Linie um der Gesellschaft willen erfolgen sollte.

Damit wird einerseits das Erziehungsbedürfnis der Zu-Erziehenden, d.h. ihre aktuelle Interessenlage, und andererseits ihr Erziehungsbedarf, d.h. ihr wohlverstandenes Interesse hinsichtlich fernerer anspruchsvollerer Bedürfnisse zur Grundlage der erzieherischen Zielbestimmung.

Neben den Ansprüchen des Individuums gilt es jedoch, auch die Anforderungen der Gesellschaft bei der Zielbestimmung zu berücksichtigen.

Gesellschaft repräsentiert sich für den Menschen in dem Personenkreis seines Umfeldes und zunächst in seinen engsten Bezugspersonen. Sie vermitteln ihm das Erleben des Einbezogenseins, lassen ihn Zutrauen und Vertrauen gewinnen. Je isolierter er ist, desto weniger vermag er, Anregungen zu erhalten und damit Erfülltheit, Orientiertheit und Tüchtigkeit zu erlangen. Gesellschaft ist also bezüglich erzieherischer Überlegungen nicht primär unter dem Aspekt ihrer Anforderungen, sondern unter dem Gesichtspunkt ihrer Angebote zu sehen.

Somit erweist es sich, dass soziale Eingliederung letztlich auch um des Individuums willen anzustreben ist, und nicht wegen der Forderungen der Gesellschaft an sich.

Die hier vorgeschlagene Richtungsentscheidung lässt sich auf die Formel bringen: Selbstverwirklichung in sozialer Eingliederung.

Aber damit ist noch keine hinreichend deutliche Orientierung gegeben. Bereits LITT (1927, 56) hat auf die Gefahren unbestimmter Zielformulierungen hingewiesen, die in ihrem mangelnden „Sättigungsgrad an gedanklichem Gehalt" zu Missverständnissen beitragen. „So sonnenklar und zweifelsfrei ihr Sinn zumeist demjenigen ist, der sie im Munde führt", haben sie nicht in „ihrer schwebenden Unbestimmtheit es vielfach dahin gebracht, dass man miteinander einig zu sein glaubt, wo nur die Vieldeutigkeit des erwählten Wortsymbols die vorhandenen Differenzen unbemerkbar machte?" Heute spricht man von Leerformeln, wobei gelegentlich übersehen wird, dass jeder Begriff letztlich eine Leerformel, eine Abstraktion konkreter Vorstellungen auf formale Merkmale ist.

### 3.5.2 Zieldifferenzierung

Selbstverwirklichung kann ebenso wie soziale Eingliederung vielerlei bedeuten. Es bedarf der Konkretisierung, was auf eine Differenzierung dieser Zielformulierung hinausläuft. Zwar lassen sich Richtziele im Sinne von Intentionen in allgemeiner Form bestimmen. Vor Ort und bezogen auf den einzelnen Menschen geht es um Individualisierung und Konkretisierung der Ziele.

Im allgemeinen wird davon auszugehen sein, dass bei Menschen in Problemlagen, bei denen also die Balance zwischen individualer Disposition, Erlebens- und Verhaltensbedingungen und Umfeldanforderungen beeinträchtigt ist, ein Bedarf und häufig auch ein subjektiv erlebtes Bedürfnis zu einer Herstellung und möglichst auch Anhebung des Niveaus der Balance besteht. Dieses subjektive Bedürfnis gilt es ernstzunehmen. (Allerdings gibt es gelegentlich auch ein Bedürfnis nach Erhaltung von Beeinträchtigungen, von Unglücklichsein als Form des Glücklichseins.)

*Aufgrund der stets zusammenwirkenden drei Grundkomponenten ergibt sich für die Sonderpädagogik eine mögliche besondere Zielakzentuierung, indem eine Reduzierung oder Behebung vorliegender Schäden, ein Abbau vorliegender Benachteiligungen, eine Korrektur von Belastungen durch unangemessene Umfeldanforderungen und damit die Herstellung der Balance auf möglichst hohem Niveau für die Betroffenen angestrebt wird. (s. Abb. 9)*

| Weitmögliche Behebung von | Reduzierung von | Korrektur von |
|---|---|---|
| Schäden der individualen Disposition | Benachteiligungen durch negative Verhaltensbedingungen | Belastungen durch unangemessene Anforderungen |

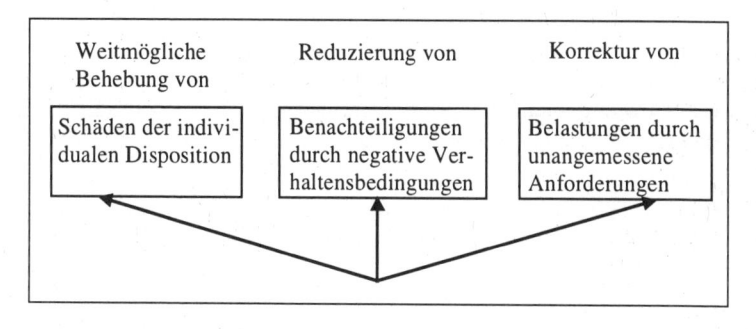

**Abbildung 9**   Hauptzielrichtungen der Sonderpädagogik

Der Differenziertheit der jeweiligen Beeinträchtigung, d.h. der Komplexität des Problems, wäre durch Differenziertheit sonderpädagogischer Zielsetzung zu entsprechen.

Wenn bestimmte Dominanzen auch Vorrang beanspruchen, werden mitunter die praktischen Möglichkeiten, etwa die Handlungschancen vor Ort, gewisse Verschiebungen der Priorität verlangen. So kann es geraten erscheinen, sich auf Verbesserungen der individualen Disposition zu konzentrieren, wenn es vorab aussichtslos erscheint, auf extrem schwierige familiäre Bedingungen Einfluss zu nehmen. In jedem Falle gilt es jedoch, alle drei Grundkomponenten im Auge zu behalten.

Im einzelnen lassen sich im Bereich der Grundkomponenten angesichts vorliegender Beeinträchtigungen folgende besonderen Zielakzente hervorheben:

### 3.5.2.1 Bereich der individualen Disposition

In diesem Bereich geht es einerseits um eine weitmögliche Verbesserung geschädigter *Funktionen* (z.B. Hörerziehung, Sehschulung, Mobilitätsverbesserung, Förderung des Lernverhaltens - etwa des Behaltens und Unterscheidens, Förderung der emotionalen Empfänglichkeit) und um ein Nachholen von *inhaltlichen Rückständen* (z.B. bezüglich bestimmter Fertigkeiten, Kenntnisse, Wissensbestände, Einsichten, Erlebnisgehalte).

Zum Teil geht es hier um sehr spezielle und im Regelbereich kaum relevante Ziele wie sprachersetzende Zeichensysteme, um Ersatzbewegungsmuster, um Ersatzfunktionen im Wahrnehmungsbereich.

Angesichts der Komplexität und Schwere vieler vorliegender Schäden der individualen Disposition reicht jedenfalls die Bemühung um soziales Wohlbefinden der Betroffenen schwerlich aus, so wichtig dieser Zielaspekt in jedem Falle auch ist.

Diese Zielaspekte lassen sich auch als Normalisierung bezeichnen, würden dabei neben bestimmten Eingliederungsvoraussetzungen und Zugehörigkeitsperspektiven nicht auch fragwürdige, nivellierende, auf Durchschnittsmasse zurechtstutzende Tendenzen verstanden werden können.

Wenn von *Normalität als Zielvorstellung* die Rede ist, geht es gewissermassen um eine ideale Normalität, nicht um den platten Durchschnitt. Der Vorteil eines weitmöglichen Normalseins in diesem Sinne besteht in einem positiven Gleichsein mit anderen (vgl. THIMM 1984). Zur Bemühung um Normalität in diesem Sinne gehört auch eine Förderung weitmöglicher Selbständigkeit und Unabhängigkeit und der Ablösung der subjektiven Frage nach dem Sinn des Behindertseins durch Eröffnung konkreter Lebensaufgaben.

Neben den an weitmöglichem Anschluss an den Regelbereich orientierten Zielen kommt der Gesamtförderung in gegebenem Rahmen besondere Bedeutung zu.

Ferner ist bei den Zielakzenten eine Berücksichtigung des Beziehungsgeflechts von emotionalem, kognitivem und sozialem Bereich ebenso bedeutsam wie die Verortung von Einzelzielen in ihrem lebensweltlichen Zusammenhang. Nur so lassen sich Motivation, Einordnung und praktische Bedeutung gewährleisten und ein zusammenhangloses, katalogorientiertes, steriles, aus einer Summe einzelner Skills bestehendes Zielkonglomerat und eine entsprechend „klinische" Erziehungssituation vermeiden.

Ein besonderer Stellenwert namentlich angesichts vorliegender schwerer, längerfristiger Beeinträchtigung kommt der Vermittlung, dem *Angebot von Lebenssinn* zu.

Hier liegt eine bedeutende Aufgabe der Sonderpädagogik, da alle Assistenzbemühungen um Einzelziele erst ihren Sinn bekommen, wenn sie an einem sich abzeichnenden Sinnhorizont von Bedeutung sind.

Bei allem Gewicht des Verhaltens, der Leistungsfähigkeit, der Tüchtigkeit, der Kompetenzen -ohne eine Obsorge für innere Erfülltheit, für das Angebot von Aufgaben, die Vermittlung von zwischenmenschlichen Beziehungen, von Erlebnissen, von lohnenden Sinnangeboten, von erfüllenden Aufgaben stösst auch die Bemühung um die Tüchtigkeit bald an ihre Grenzen.

Dieser Sachverhalt ist kennzeichnend für die Pädagogik insgesamt, die allzu sehr auf Verhalten, Leistung, Tüchtigkeit konzentriert ist, auf das, was vom Zu-Erziehenden zu verlangen ist - und weniger auf seine innere Situation, auf das, was ihm vorab und begleitend zu geben ist.

Im Bereiche der Sonderpädagogik, wo nun Beeinträchtigungen, d.h. Einschränkungen der Disposition, Mängel der Bedingungen, Unangemessenheit der Anforderungen vorliegen, wo Mangellagen und Erschwerungen Leidensdruck auslösen und die Befindlichkeit oft fundamental irritieren, bedarf die Obsorge für die Erfülltheit und die Ernstnahme der Befindlichkeit der Betroffenen der Hervorhebung als ein besonderer Zielaspekt. *Kennzeichen der Sonderpädagogik ist zuallererst, was sie gibt, und erst dann, was sie fordert. (Vgl. hierzu MOOR 1960, 253ff.)*

### 3.5.2.2 Bereich der Verhaltens- und Erlebensbedingungen

Teils als mitverursachendes Moment, teils aber als Auswirkung von Schäden der individualen Disposition spielen Verhaltens- und Erlebensbedingungen eine gewichtige Rolle im Prozess von Beeinträchtigungen, sofern sie nicht zentraler Faktor des Balanceverlustes sind.

Alle Bemühungen um die individuale Disposition bleiben wie in ein Sieb gegossenes Wasser, wenn nicht auch Benachteiligungen durch Distanzierung, Diskriminierung, Isolierung bis hin zu Aggressionen seitens des Umfelds, Vorenthaltung ausreichender Förderangebote und -institutionen, Reduzierung materieller, kultureller, sozialer, beruflicher und anderer Lebensbedingungen als besonders wichtige Zielperspektiven ins Auge gefasst werden.

Wenn sich hier auch ein Aufgabenfeld auftut, das den Rahmen pädagogischer Möglichkeiten und Kompetenzen überschreitet, lassen sich doch aber einige Aspekte hervorheben, die zu angemessener Hilfeleistung für die Betroffenen, im Unterschied zur Regelpädagogik, der Berücksichtigung bedürfen und für die Sonderpädagogik zumutbar sind.

Bei Familien mit beeinträchtigten Angehörigen entstehen verständlicherweise nicht selten Gefühle wie Hilflosigkeit, Verzweiflung, Selbstvorwurfshaltung, Schuldgefühle, Beobachtungshaltungen, Feindschaftshaltungen gegenüber der Umwelt, Opferhaltung, Fluchthaltung, Verdrängung, Betriebsamkeit, Krankheit, Illusionshaltung, Verleugnung, Reaktionsbildung, Gleichgültigkeitshaltung, Ablehnung. Hinsichtlich der Geschwister treten häufig Benachteiligungen, Überforderungen und soziale Isolierungen oder Bevorzugungen auf, die sich für beide Seiten zum Teil in der Form erheblicher Störungen negativ auswirken können.

In der Regel stellen die Bemühungen um eine optimale *psychische Stabilisierung der Angehörigen* daher ein unverzichtbares Teilziel dar. Dabei geht es vor allem um eine emotionale Bejahung der Betroffenen, so wie sie sind, um Gewinnung für ein förderliches Verhalten gegenüber der Umwelt und um eine Einordnung in die Familie.

Vieles, was an unzureichender Assistenz und Förderung seitens der Familien ins Auge fällt, hat seinen Grund in den Einschränkungen, denen sie oft zugleich mit ihren beeinträchtigten Angehörigen ausgesetzt sind: Vorurteile, Distanzierungen, Stigmatisierungen und Isolierungen ganz abgesehen von physischen und ökonomischen Belastungen. So werden diejenigen, die Verständnis und Unterstützung für ihre besondere Familiensituation am nötigsten haben, in ihren Möglichkeiten oft eher eingeschränkt.

Nun wäre es allerdings unzureichend, neben den geschilderten ungünstigen die in gewissem Ausmass auch vorhandenen *förderlichen Gegebenheiten* zu übersehen: das mitunter geradezu faszinierende Mass an Zuwendung, an unverbrüchlichem Stehen zum Angehörigen trotz oder gerade wegen seiner Probleme - sowohl seitens vieler Partner, Eltern und Geschwister als auch vieler Berufserzieher und Berufserzieherinnen.

Wenn derartige Gegebenheiten die Lebenswirklichkeit von beeinträchtigten Menschen auch mitprägen, sie gleichsam am Leben halten und gelegentlich unverhoffte Zustände der Freude und Fortschritte ermöglichen, so wäre es aber doch realitätsfern, sie für den Regelfall zu halten und in vorschneller Selbstberuhigung die innere Notlage vieler Betroffener aus dem Auge geraten zu lassen und das wichtige Ziel einer Verbesserung der Lebens- und Entwicklungsbedingungen der beeinträchtigten Menschen zu vernachlässigen. Jedenfalls ist es bedenklich, statt sich um grössere Spielräume, akzeptabelere Lebensverhältnisse, um tragfähige Bezugsverhältnisse und Zeit füreinander zu bemühen, an den Bedürfnissen und Interessen der Betroffenen herumzumodellieren.

So geht es zum einen um *Befähigung zu positiv wirksamer Reaktion auf negative Umfeldpositionen* - etwa durch Korrektur von Vorurteilen, Überwindung von Stigmatisierungstendenzen, d.h. um förderliche Formen der Kontaktnahme, aber auch um das Aufgeben von Abkapselungen von Familien mit beeinträchtigten Angehörigen gegenüber dem Umfeld.

Angesichts der oft als bedrückend erlebten Beeinträchtigung, des Mangels an sinnvollen Reaktionsmustern von Angehörigen und weiterem Umfeld ist ihre *Qualifikation für einen förderlichen erzieherischen Umgang* als besonderer Zielaspekt der Sonderpädagogik hervorzuheben. Dabei geht es um Gesichtspunkte wie sie im voraufgegangenen Kapitel erörtert wurden.

Insofern Aufgaben der hier umrissenen Art den Bereich der Sonderpädagogik überschreiten, bedarf es ergänzender Aktivitäten des medizinischen, des sozialen und des gesellschafts- bzw. sozialpolitischen Bereichs.

### 3.5.2.3 Bereich der Umfeldanforderungen

In Kapitel 2.2.3 wurde dargestellt, welchen Stellenwert die offiziellen Umfeldanforderungen wie die leisen Umfelderwartungen im engsten Familienkreise, in von aussen verlangter wie in internalisierter, innerlich bejahter Form für die Entstehung von Beeinträchtigungen haben können, indem sie in Diskrepanz zu individualen Dispositionen oder zu vorliegenden Verhaltens- und Erlebensbedingungen stehen.

Daher genügt es nicht, sie einfach zu beklagen und als ein Thema unter anderen zu behandeln.

*Die Korrekturen von Belastungen durch Über- und Unterforderungen oder durch normwidrige Anforderungen können vielmehr ein besonders bedeutsames Ziel der Sonderpädagogik darstellen.*

Dabei geht es teils um die Befreiung von verinnerlichten Fremdforderungen oder von selbst auferlegten Anforderungen, also - in der Sprache der Psychotherapie - um den Abbau von überhöhten Überichansprüchen, was keineswegs mit leichtfertiger Entlastung zu verwechseln ist.

Teils geht es um Korrekturen etwa von Laissez-faire-Haltungen oder von problematischen (etwa auch religiös oder weltanschaulich firmierten) abwegigen Anforderungen, die allerdings weniger einer dekretierenden Beratung als eines Sich-Miteinander-Beratens bedürfen.

Und dann geht es um den Abbau von Umfelderwartungen, die in der Form gesellschaftlicher Einstellungen, Rollenvorgaben, Normen und vorgeblicher Sachzwänge wirksam sind (vgl. Kap. 2.2.4).

Insoweit das Ziel solcher Korrekturen auch Möglichkeiten und Kompetenzen der Sonderpädagogik überschreitet und wesentlich der Sozial- bzw. Gesellschaftspolitik bedarf, gilt es jedoch, die anstehenden Aufgabenanteile der Sonderpädagogik hier nicht zu übersehen. Gerade wegen ihrer detaillierten Problemkenntnis ist die Sonderpädagogik vor Ort und im täglichen Umgang mit dem gesellschaftlichen Umfeld in der Lage, in der genannten Zielrichtung mitzuwirken und darüber hinaus durch Öffentlichkeitsarbeit aus fachlicher Perspektive ihren Anteil beizutragen.

Für die hier differenzierten besonderen Zielaspekte im Bereich der Sonderpädagogik ergeben sich nun hinsichtlich der vorliegenden speziellen Problemstellungen weitere Detaillierungs- und Konkretisierungsnotwendigkeiten (etwa hinsichtlich spezieller emotionaler Beeinträchtigungen, ökonomischer Benachteiligungen, belastender Umfelderwartungen), die differenzierte Wertentscheidungen erfordern.

### 3.5.2.4 Integration als besondere Zielperspektive

Neben dem Leidensdruck, dem subjektiven Erleben von Beeinträchtigung, nimmt die soziale Isolierung als Auswirkung von Beeinträchtigung einen besonderen Stellenwert ein, da sie sowohl Verhaltens- und Erlebensbedingungen (etwa die Teilhabe am gesellschaftlichen, am kulturellen und sozialen Leben sowie die Entstehung tragfähiger persönlicher Beziehungen) einschränkt, die Umfelderwartungen oft fundamental verändert (etwa in der Form von Abwertungen) und auf diese Weise die individuale Disposition und ihre Entwicklung folgenschwer beeinflusst.

Daher kommt der Integration im Sinne der Wiederintegration bzw. der Vermeidung von Extegration unter den Zielen der Sonderpädagogik ein besonderer Rang zu (vgl. hierzu BACH 1982a).

Was Integration bedeutet, wird häufig als selbstverständlich vorausgesetzt und als keiner näheren Begründung bedürftig angesehen. So kommt es, dass bereits Gesetze, blosse ökonomische Leistungen für behinderte Menschen, Steuerermässigungen, Wohnungs- oder Arbeitsplatzbeschaffungsmassnahmen, Abbau von Barrieren, besondere Speiseräume in Hotels oder gar „Zentren für Behinderte" als Ausdruck der Integration gewertet werden. Doch ist dies, ebenso wie blosses Mitleid, Wohltätigkeit, Aufbau behindertenspezifischer ärztlicher, pädagogischer, sozialer Institutionen oder physisches Nebeneinander von behinderten und nichtbehinderten Schülern in einer Klasse allenfalls Voraussetzung von Integration, teils allerdings geradezu nur als eine besondere Art von Desintegration anzusehen, wenn Integration aus der Interessenlage beeinträchtigter Menschen verstanden und nach der Qualität von Integration gefragt wird.

In strengem Sinne bedeutet Integration einen zwischenmenschlichen Bezug, der gekennzeichnet wäre durch

- Ansehen, Zuhören, Wünsche-äussern beider Seiten, Hilfe-geben und -annehmen, Anregungen- und Kritikannehmen und -geben zwischen beeinträchtigten und nicht beeinträchtigten Menschen,

- Ganzheitlichkeit der Wahrnehmung und Begegnung, die den anderen nicht nur bezüglich seines besonderen Problems, nicht nur als „Fall" anspricht,
- gemeinsame Aktivitäten bezüglich der Verfolgung bestimmter Interessen und Fragen, die jeweilige Wünsche, Ängste, Hilfs- und Schutzbedürfnisse des anderen respektieren,
- grösstmögliche Selbständigkeit, das heisst Abstandnahme von voreiliger, unerbetener Hilfe, Bevormundung, unterwerfendem Mitleid wie von unangemessener Forderung - zugunsten einer weitmöglichen Selbstbestimmung beider Seiten (vgl. hierzu HAHN 1981),
- Verantwortlichkeit hinsichtlich anstehender Aufgaben und des gemeinsamen Lebens unter Vermeidung wohlmeinender Befreiung von Pflichten,
- Gleichberechtigung bezüglich der Lebenschancen im Arbeits-, Wohn- und Freizeitbereich und bezüglich anderer gesetzlich verbriefter Rechte.

Integration in diesem Sinne ist für keinen Menschen überall in gleicher Intensität möglich. Niemand kann zu jedermann gleich intensive Bezugsverhältnisse haben oder in hundertfältigen sozialen Lebensbereichen integriert sein.

Daher gilt es, unklare oder illusionäre Erwartungen auf das Mögliche und Wünschenswerte zu beziehen und zu unterscheiden zwischen:
- Integration im öffentlichen Bereich
  (Geschäfte, Kaufhäuser, Verkehrsmittel, Behörden, Arzt, Zahnarzt, Krankenhaus, Friseur, Parks, Spielplätze, Restaurants, Schwimmbäder, Sportplätze, Kirchen, Konzerte, Theater, Feste, Museen, Ausstellungen usw.),
- Integration im Tätigkeitsbereich
  (Spielplatz, Kindergarten, Schule, Arbeitsplatz, Freizeit, Vereinsleben usw.),
- Integration im Privatbereich
  (Familie, Verwandtschaft, Nachbarschaft, Freundschaft, Partnerschaft usw.),

Das Mass der Integration ist in diesen Bereichen üblicherweise von sehr unterschiedlichen Graden, weswegen überhöhte Erwartungen leicht zu Enttäuschungen, regelwidrige Verhaltensweisen in den verschiedenen Bereichen nicht selten zu Verbitterung oder Aggression führen.

Integration bedarf als Ziel der Bemühungen einer besonderen Begründung, da sie nicht selbstverständlich ist, zumal auch Zielvorstellungen entgegengesetzter Art wie der Isolation bestehen.

So wird z.B. gelegentlich darauf hingewiesen, dass behinderte Menschen in einer „Gemeinschaft mit ihresgleichen am besten aufgehoben seien", sich hier am ehesten wohlfühlen und vor Überforderung zu schützen seien. Kritisch ist dazu anzumerken: Vom Besorgtwerden und Mittelpunktsein über Bewegungsstereotypien bis zur Isolierung in der Gruppe reichen die als Ausdruck des sogenannten Wohlbefindens gesehenen Ergebnisse derartiger Zielvorstellungen. Sie ziehen oft kaum noch korrigierbare Abhängigkeiten nach sich und entsprechende Auswirkungen bei einem Ausfall der Familie.

Die entscheidende Begründung des Ziels der Eingliederung beeinträchtigter Menschen ist vor allem in der für ihre Entwicklung wesentlichen Anteilnahme am gemeinsamen Leben zu sehen. Dies gilt insbesondere:

- in der Bereicherung und fördernden Stimulierung durch nicht beeinträchtigte Menschen hinsichtlich des Kommunikations-, Erfahrungs- und Anregungshorizonts,
- in der sozialerzieherischen, wechselseitiges Verständnis anbahnenden Einwirkung der nicht behinderten Umwelt,
- in der Eröffnung eines Feldes der Selbstverwirklichung und Selbstbestätigung,
- in der Entlastung von der Faszination des Behindertenseins,
- in der Verringerung von Isolationsschäden,
- in der Eröffnung von oft extrem erschwerten Beziehungen und Bindungen auch im sexuellen Bereich und
- in der sozialerzieherischen Wirkung der Gemeinsamkeit auch für die nicht beeinträchtigten Menschen. Hierzu gehören auch die

Überwindung von Unsicherheiten und Angst vor dem Anderssein, der Unkenntnis hinsichtlich spezieller Lebensprobleme und deren Bewältigung des anderen, der Abbau von unzutreffenden Vorstellungen und Projektionen.

Die genannten Möglichkeiten einer Entwicklungsförderung erweisen sich in der Praxis als so bedeutsam, dass geradezu eine Eingliederungsnotwendigkeit zu konstatieren ist.

Angemessenes *soziales Verhalten*, das heisst wechselseitiges Verständnis, menschlicher Umgang, gegenseitige Ergänzung und Hilfe, kann überhaupt nur in Gemeinsamkeit von Menschen unterschiedlicher Voraussetzungen gelernt werden. Hier liegt die wesentliche Chance weitmöglicher sozialer Integration.

Aber auch der Gewinn von Wissen, Einsichten, Kreativität, Kritikfähigkeit, praktischen Fertigkeiten kann erfahrungsgemäss durch wechselseitige Anregungen zwischen Menschen mit unterschiedlichen Voraussetzungen wesentlich gefördert werden.

Die hier begründete Zieldimension lässt sich auch als anzustrebende *Integrationsfähigkeit* auf der Seite der beeinträchtigten Menschen und der *Integrationsbereitschaft* auf der Seite des Umfeldes beschreiben, worunter einerseits die Förderung der individualen Disposition und andererseits die Verbesserung der Umfeldbedingungen, die emotionale Annahme zu verstehen ist, die Bejahung der beeinträchtigten Menschen durch verstärkte Wahrnehmung ihrer offengebliebenen Möglichkeiten, ihres Leidensdrucks, ihrer Bedürfnisse und die Einübung eines entsprechenden Umgangs durch gemeinsame Tätigkeiten in Familie, Kindergarten, Schule, Nachbarschaft, Freizeit, Berufsbereich usw.

## 3.6 Zur Notwendigkeit der Zielbegründung

Da Erziehungsziele nicht selbstverständlich sind, bedürfen sie stets der Begründung, soll ihnen weitmögliche faktische Geltung verschafft werden.

Insbesondere ist es die Begründung, die ein argumentatives Ringen um angemessene Ziele mit Andersorientierten, ein Überzeugen für bestimmte Ziele überhaupt erst ermöglicht. Argumentation und Disput sind zugleich die Voraussetzungen für eine Überwindung einer resignativen Pluralismusfeststellung, mit der eine Zielvielfalt unbesehen als zeittypisch und unaufhebbar hingenommen und, mit der sich achselzuckend abzufinden, gelegentlich noch als Toleranz stilisiert wird.

Nicht zuletzt aber sind Begründungen von Erziehungszielen notwendig und zu fordern, weil dadurch die mit den Zielen verfolgten Zwecke, die Interessen der Zielsetzer offengelegt und einer Beurteilung unterzogen werden können. Die häufig vorgetragene Schutzbehauptung, dass es sich bei Zielsetzungen eben einfach um „nicht hinterfragbare" Positionen, um „reine Wertentscheidungen" handle, setzt sich entweder dem Verdacht der Verschleierungsabsicht oder dem Verdacht der Denkschwäche aus. Die Rede von der „Irrationalität" von Wertentscheidungen besagt letztlich nichts anderes, als dass man über die Gründe für diese Entscheidungen noch nicht nachgedacht hat und nicht nachzudenken beabsichtigt oder dass man unter diesem Siegel schlicht verweigert, Auskunft über die Gründe zu geben. Dieser Verdacht ist auch gegenüber aktuellen Trends, offiziellen Zielbeschlüssen und Zielsetzungen von anerkannten Autoritäten angebracht, sofern die erforderlichen Begründungen ausbleiben.

Auch ein Gruppenkonsens über Erziehungsziele macht Begründungen nicht entbehrlich, denn auch Gruppen können in unsachgemässen Entscheidungen übereinstimmen, wenn die einzelnen Gruppenmitglieder keine hinreichende Sachkompetenz und Verantwortung besitzen. Einzige sachangemessene Legitimationsmöglichkeit auch von Gruppenentscheidungen ist deren Begründung und nicht etwa die Autorität der Gruppe. Dies gilt auch für Erziehungsziele auf Grund von Parlamentsbeschlüssen.

Die Begründungspflicht besteht ebenso für allgemeine erzieherische Intentionen wie etwa für Leitziele aber auch für die konkreten Einzelziele hinsichtlich eines bestimmten beeinträchtigten Menschen.

# 4. Besondere Handlungsformen der Sonderpädagogik

KANTER hat darauf hingewiesen, welche Gefahren bestehen, wenn in der Erziehung „Instrumentarien zur Anwendung gelangen, ohne dass deren theoretischer Bezugsrahmen zulänglich durchschaut und wichtige konzeptionelle Implikationen hinreichend erkannt sind" (1986, 78).

Nun gibt es allerdings Gründe für die verbreitete Abstinenz hinsichtlich allgemeiner theoretischer Bemühungen um sonderpädagogische Handlungsformen. Sie liegen zum einen in der bequemen Faszination durch ein bestimmtes Verfahren, das zum Passepartout des Handelns privilegiert wird, ohne dass die Erfordernisse eines Korrektivs durch theoretische Einordnung gesehen werden, zum anderen in einer Empirismusgläubigkeit, die meint, auf übergreifende Überlegungen verzichten zu können.

Von besonderem Gewicht ist allerdings das Argument, dass die Reflexion von Handlungsformen für sich sinnlos sei, da sie stets nur im Zusammenhang mit bestimmten Handlungszielen angemessen vorgenommen werden könne und dass dementsprechend „die zielorientierte Inhaltlichkeit" „gegenüber den Fragen des Verfahrens" Vorrang habe (KLAFKI 1971, 136).

Nun ist es in der Tat so, dass bei unterschiedlichen Zielvorstellungen auch unterschiedliche Handlungsformen zu erwägen sind. Wenn Handlungsformen auch nicht aus Zielen ableitbar sind, so lässt sich doch aber die Unvereinbarkeit bestimmter Handlungsformen mit bestimmten Zielen begründen (wie z.B. vorwiegend auf Schonung konzentrierte Handlungsformen bei dem Ziel weitmöglicher Selbständigkeit). Zunächst bedarf es der Präzisierung, was genauer unter Handlungsformen verstanden werden soll.

Handlungsformen der Sonderpädagogik sollen hier als Oberbegriff dienen, der in folgende Unterkategorien zu differenzieren ist - und zwar in Verfahren und diese wiederum in untergeordnete Techniken (einschliesslich der Medien), bei denen schliesslich bestimmte Handlungsweisen als Akzentuierungen unterschieden werden können. Damit ergibt sich folgende Hierarchie von komplexen und abstrakten zu detaillierteren und konkreteren Handlungskategorien (s. Abb. 10):

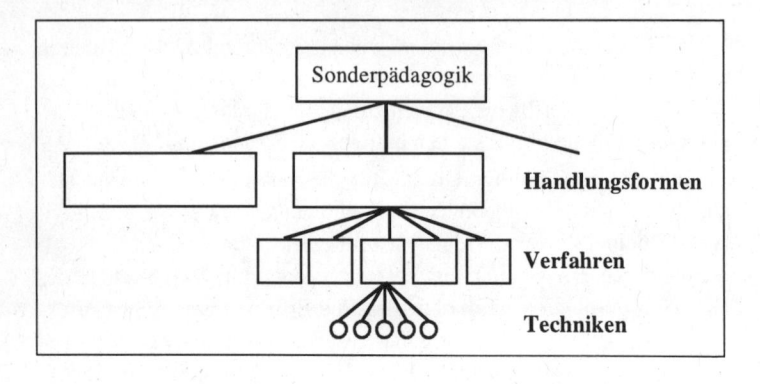

**Abbildung 10**     Sonderpädagogische Handlungsformen

Alle Handlungsformen der Sonderpädagogik dienen der Förderung (vgl. Kap. 2.9.4). Die Komplexität der anzugehenden Probleme legt oft die Anwendung mehrerer Handlungsformen nahe. Allerdings ist die Praxis nicht selten durch einseitige Bevorzugung einzelner Formen gekennzeichnet.

## 4.1  Diagnostik

Da Sonderpädagogik es mit beeinträchtigten Menschen zu tun, d.h. von Regelabweichungen auszugehen hat, kann sie nicht unbesehen Regelvorstellungen zur Grundlage ihres Handelns machen.

Sie muss vielmehr - als Voraussetzung wirksamer Massnahmen - die Komponenten und deren wechselseitige Beeinflussungen ermitteln, aufgrund derer die Beeinträchtigung zustande gekommen ist, verstärkt wurde, erhalten wird und angehbar erscheint. Als Handlungsvoraussetzung erweist sich somit die Diagnostik als unerlässliche und charakteristische Handlungsform der Sonderpädagogik.

Diagnostische Abstinenz, wie sie mitunter gefordert wird, um Stigmatisierungen, unzutreffende Kategorisierungen und Feststellungen zu vermeiden, kommt zwangsläufig einem Verharren in zumeist unzureichender und unreflektierter Alltagsdiagnostik gleich.

Im Unterschied zu naiver Alltagsdiagnostik ist Fachdiagnostik dadurch gekennzeichnet, dass sie theoretische Ansätze und Suchraster heranzieht, um wichtige Gesichtspunkte soweit als möglich zu berücksichtigen.

Je einseitiger und fasziniert von bestimmten Theorien vorgegangen wird (etwa in monistischer Orientierung an medizinischen, psychoanalytischen, sozialwissenschaftlichen, interaktionalen, lernpsychologischen oder anderen Modellen), desto anspruchsloser ist auch die Fachdiagnostik und desto weniger ist von ihr hilfreiche Aufklärung für die anstehenden Massnahmen zu erwarten.

Angesichts der unterschiedlichen Gegebenheiten, die für die Entstehung von Beeinträchtigungen konstitutiv sind, kann blosse individuale und Laboratoriumsdiagnostik und erst recht isolierte „Defektdiagnostik" nur unzureichende Aufschlüsse bringen. Vielmehr sind im wesentlichen folgende Hauptrichtungen der Diagnostik als sonderpädagogische Handlungsform von Bedeutung:

- *Individualdiagnostik* bezüglich der Erlebens- und Verhaltensdisposition unter Berücksichtigung sowohl der kognitiven wie der emotionalen und der somatischen Bereiche (wobei für die Ermittlung der somatischen Gegebenheiten vor allem der Arzt zuständig ist); besonderer Berücksichtigung bedarf die Befindlichkeit der Betroffenen. Diese Bereiche gilt es, nicht nur in ihrer wechselseitigen Beeinflussung zu sehen, sondern auch in ihrer umfeldmässigen Bedingtheit und in ihrer individualgeschichtlichen Entwicklung (vgl. 2.2.1);
- *Umfelddiagnostik* als Diagnostik vor Ort (Hausbesuch, Unterrichtshospitation usw.) konzentriert sich einerseits auf die sozialen Gege-

benheiten, auf Interaktionsstrukturen, Assistenzen oder Erschwerungen, Stigmatisierungen usw. seitens des engeren und weiteren Umfeldes, und andererseits auf die sächlichen, materiellen Gegebenheiten (Wohn-, Ernährungs-, Arbeits-, Lern-, Freizeitgegebenheiten usw.). Dass diagnostische Bemühungen in dieser Richtung zwangsläufig in eine Gesellschaftsdiagnostik einmünden, liegt auf der Hand (vgl. 2.2.2; 2.2.4);
- *Normendiagnostik* fragt nach den Umfeldanforderungen und -erwartungen im Verhältnis zu den individualen Dispositionen und den Lebensbedingungen (vgl. 2.2.3);
- Nicht zuletzt geht es um die *Ermittlung des Stellenwertes* vorliegender Beeinträchtigungen der Grundkomponenten;
- Diagnostik betrifft stets auch den *Diagnostiker*, seine Gefühle, Standpunkte, Vor-urteile, da er sowohl der Wahrnehmende als auch der Definierer und Beurteiler des Wahrgenommenen ist.

Nicht nur bezüglich der genannten, auf Probleme zielenden Aufmerksamkeitsrichtungen bedarf die Diagnostik der Komplexität, sondern auch hinsichtlich der *Berücksichtigung positiver Gegebenheiten*, da diese in der Regel die wesentlichen Ansatzpunkte für wirksame Massnahmen darstellen. So kann durch Verstärkung einzelner konstruktiver Verhaltensweisen oft unzweckmässiges Verhalten eher behoben werden als durch dessen Bekämpfung. Auch die Heranziehung zugewandter Bezugspersonen wird erst möglich, wenn sie neben problematischen Interaktionspartnern diagnostisch mit ins Bild kommen.

*Diagnostik ist kein einmaliger Akt, sondern ein Prozess, der mehr oder minder bewusst durch fortlaufende Kontrolle der diagnostischen Hypothesen, durch Feststellung von Veränderungen der Situation, durch Ermittlung weitergehender Bedingungen und Hintergründe des Verhaltens gekennzeichnet ist. Insofern ist Diagnostik ebenso vorläufige Vermutungsdiagnostik (im Gegensatz zu einer Feststellungsdiagnostik) wie Begleitdiagnostik (im Gegensatz zu einer einmaligen Einordnungsdiagnostik).*

Diagnostische Bemühungen stellen in aller Regel bereits den ersten Schritt verändernder Einflussnahme dar: Sie beeinflussen einerseits die Aufmerksamkeit des Umfeldes, setzen Reflexionen und damit nicht selten Veränderungen des Verhaltens in Gang. Andererseits können sie von demjenigen, dem die Untersuchung primär gilt oder zu gelten scheint, als besondere Zuwendung oder als Stimulus zu bestimmten Verhaltensänderungen erlebt werden und bereits dadurch sein Verhalten modifizieren. (Vgl. hierzu BACH 1984b, 34ff.)

Der Spezifität der Aspekte entspricht nun zugleich ein *differenziertes Arsenal diagnostischer Verfahren*, so dass die Diagnostik als sonderpädagogische Handlungsform sich quantitativ und qualitativ signifikant von den natürlich auch im Regelbereich der Pädagogik erforderlichen Befunderhebungen unterscheidet -, sollen effiziente, d.h. fundierte Massnahmen erfolgen.

Die einzelnen Verfahren der Diagnostik als sonderpädagogische Handlungsformen, die gemäss den unterschiedlichen Fragestellungen in Frage kommen, sollen hier nicht erörtert werden - bis auf den Hinweis, dass bezüglich der Diagnose das Erfordernis der Kooperation mit den am Erziehungsprozess Beteiligten und anderen Beteiligten besonderer Beachtung bedarf. Allerdings ist eine blosse Addition der verschiedenen Aspekte unzureichend, da es auf die Ermittlung des Stellenwertes und der wechselseitigen Beeinflussung der einzelnen Faktoren ankommt.

Auch genügt es nicht, Diagnostik als isolierte Expertenleistung aufzufassen. Sie muss vielmehr den Betroffenen und sein Umfeld soweit als möglich einbeziehen und zur Sprache kommen lassen. Dadurch lässt sich am ehesten eine blosse Klassifizierung mit ihren Stigmatisierungsfolgen vermeiden und problemgerechte Konkretheit erreichen.

Insgesamt soll die Diagnostik im Bereich der Sonderpädagogik zentrale Aufschlüsse über den vorliegenden Sachverhalt und seine Hintergründe erbringen. Diese bilden eine für die pädagogische Einschätzung des konkreten Förderbedarfs in qualitativer wie in quantitativer Hinsicht wesentliche Grundlagen.

Inwieweit die diagnostische Alltagspraxis hinter den aufgezeigten Erfordernissen zurückbleibt, ist hier nicht zu erörtern.

## 4.2 Zielabklärung

Nicht selten werden die Zielsetzungen der einzuleitenden Fördermassnahmen angesichts vorliegender Verhaltensauffälligkeiten als Teil der Diagnostik angesehen, wobei davon ausgegangen wird, dass sie sich direkt aus den voraufgegangenenen Erhebungen ergeben würden.

Dabei wird übersehen, dass damit unreflektiert eine Wertentscheidung vollzogen wird, die keineswegs selbstverständlich ist. Auf die *Problematik* eines *Begriffs von Förderdiagnostik*, die auf einer direkten Ableitbarkeit der zu treffenden Massnahmen aus voraufgegangenen Erhebungen fusst, hat SCHLEE (1985) hingewiesen.

Grundsätzlich ist festzuhalten, dass die ermittelten Gegebenheiten, ihre Stellenwertbestimmungen und Interpretation sehr unterschiedliche Reaktionen ermöglichen: etwa mit Strenge oder Schonung, mit Umfeldveränderungen oder mit individuellen Trainingsmethoden, mit Anpassungsförderung oder mit Nachsicht usw. kann auf eine vorliegende Diagnose reagiert werden, je nachdem, welche erzieherische Intention bevorzugt wird.

Der Bedarf und die Sollvorstellung ergeben sich noch keineswegs aus der diagnostisch ermittelten Ausgangslage, diese zeigt nicht mehr und nicht weniger, welche Mängel im Verhältnis zum Regelbereich und welche besonderen Möglichkeiten vorliegen sowie was die Betroffenen als Bedürfnis erleben. Insofern ist die Diagnose zwar ein Fundament, gewissermassen der Bauplatz und seine Gegebenheit, nicht aber Plan- und Zielvorgabe des darauf zu errichtenden „Gebäudes".

Letzteres hängt von Wertvorstellungen und Wertentscheidungen der erzieherisch Verantwortlichen und der Mitbeteiligung der Betroffenen ab und bedarf neben ausdrücklicher Reflexion (unter besonderer Berücksichtigung der vorliegenden Interessenlagen) gewissenhafter Begründung. Pädagogisches Handeln unter Berücksichtigung der diagnostisch ermittelten Gegebenheiten sollte demgemäss alles andere als ein „Intervenieren" eines sich diagnostisch legitimiert dünkenden Souveräns sein.

Als zentrale Gesichtspunkte der Wertentscheidung, d.h. der Zielbestimmung und damit des jeweiligen Förderbedarfs wären zu nennen:

*Bestimmung der Handlungsrichtung*

Erfordernisse und Möglichkeiten:
- einer *Verbesserung der Erlebens- und Verhaltensdisposition* bei vorliegenden Schädigungen, und zwar differenziert nach kognitiven, emotionalen und somatischen Bereichen in funktionaler wie inhaltlicher Hinsicht,
- einer *Korrektur von Belastungen durch unangemessene Umfelderwartungen und -anforderungen* (Über-, Unter- oder normwidrige Anforderungen) in bezug auf vorliegende individuale Dispositionen und
- einer *Behebung sozialer, kultureller und materieller Benachteiligungen* als Mitbedingungen von Beeinträchtigungen, einschliesslich der gesellschaftlichen Rahmenbedingungen.

*Entscheidung bezüglich der Direktheit oder Indirektheit* der Handlung (z.B. Gewinnung bestimmter Mitarbeiter, Einwirkung durch sächliches Arrangement).

*Abwägen zwischen funktionalen und institutionellen Massnahmen* (Veränderung von Einstellungen, emotionaler Unterstützung usw. oder separate Förderung, Gruppen- oder Klassenwechsel, Heimunterbringung usw.).

*Setzung von Prioritäten* gemäss aktuellen Problemlagen, Gewicht bestimmter diagnostisch festgestellter Sachverhalte, rasche Realisierbarkeit, erforderliche aktuelle Massnahmen, Bereitschaft von Mitarbeitern usw.

Vorläufige Bestimmung des Umfanges der Massnahmen (Dauer und Intensität) gemäss den vorliegenden Gegebenheiten und Möglichkeiten.

Die gelegentlich geforderte Aufstellung eines - womöglich langfristigen - *Förderplanes* als Fazit der Diagnostik setzt ein Mass an diagnostischer Aussagesicherheit voraus, das angesichts der in Frage stehenden Problemlagen in aller Regel nicht zu erreichen ist und eher

Festschreibungen zu bewirken pflegt als hilfreiche Initiativen. Daher empfiehlt es sich eher, gemäss den jeweils vorliegenden diagnostischen Vermutungen bzw. Erkenntnissen sich auf die Konzeption konkreter Nahziele sowie auf bestimmte Handlungstendenzen zu konzentrieren und aufgrund ihrer Wirksamkeit entsprechende Fortschreibungen, Ergänzungen oder Modifikationen vorzunehmen.

Ebensowenig wie sich langfristige Förderpläne empfehlen, lassen sich entsprechende Prognosen vertreten. Abgesehen von Mutmassungen über die nächsten Etappen erweisen sich Prognosen teils wegen der genannten grundsätzlichen diagnostischen Unsicherheiten und teils wegen der Nichteinschätzbarkeit der Auswirkungen der eingeleiteten Bemühungen als problematisch, ganz abgesehen davon, dass ihnen unversehens eine negative Rolle im Sinne der Entwicklungseinschränkung zukommen kann. Erst recht sind Prognosen ohne Einbeziehung der Qualität und Quantität der Förderbemühungen problematisch.

Die hier aufgezeigte Notwendigkeit einer Reflexion der besonderen Möglichkeiten, Interessen, Bedürfnisse und Grenzen beeinträchtigter Menschen verbietet eine einfache Orientierung des Handelns an der Normalität, wie sie im pädagogischen Regelbereich üblich und in gewissem Masse auch vertretbar ist. Sie macht vielmehr eine sorgfältige Zielreflexion als fundierte Handlungsform der Sonderpädagogik erforderlich. (Vgl. hierzu 3.4)

Dabei geht es um eine kritische Beurteilung der vom Betroffenen oder vom Umfeld gestellten Erwartungen unter Berücksichtigung der jeweils vorliegenden Handlungsbedingungen und der vorliegenden Disposition des Individuums. Bei diesem Prozess ist die *Beteiligung der Betroffenen* von besonderer Bedeutung. Hier kann es sich erweisen, dass im einen Fall die individuale Disposition, im anderen die Umfeldanforderungen oder die Handlungsbedingungen stärker der Aufmerksamkeit bedürfen (vgl. 3.5.2).

## 4.3 Substitution

Substitution ist die zentrale Handlungsform zu weitmöglicher Behebung vorliegender Schäden der Erlebens- und Verhaltensdisposition eines Menschen, d.h. die Förderung beeinträchtigter Bereiche bzw. *weitmögliche Aktivierung verbliebener Funktionsreste*. Folgende Unterformen lassen sich hier unterscheiden:

- Anregen, Anbieten, Motivieren,
- Unterstützen, Verstärken, Üben,
- Nachholen,
- Korrigieren,
- Gegensteuern, Immunisieren,
- Abschirmen.

Nun ist zwar alle Pädagogik im wesentlichen Förderung, und die genannten Formen der Förderung stellen auch für die Regelpädagogik das Grundarsenal der in Frage kommenden Aktivitäten dar.

Über dieser prinzipiell engen Verwandtschaft des Handelns dürfen jedoch nicht die charakteristischen Unterschiede ihrer speziellen Akzentuierung im Bereiche der Sonderpädagogik übersehen werden, die sich wie eine Diät zu normaler Ernährung, wie spezielle Kenntnisse zu Grundkenntnissen verhalten.

Diese sonderpädagogische Akzentuierung, durch die Substitution quantitativ und qualitativ über das Übliche hinausgehend, ist vor allem gekennzeichnet durch Reflektiertheit, Intensität und Kontinuität der Substitutionsformen und nicht zuletzt durch die speziellen *Verfahren und Techniken* einschliesslich entsprechender *Medien*, die herangezogen werden. Diese reichen von tiefenpsychologischen bis zu verhaltensmodifikatorischen Vorgehensweisen, von speziellen Wahrnehmungstrainingsverfahren bis zu Intelligenzförderungsprogrammen, wie sie etwa im zwölfbändigen Handbuch der Sonderpädagogik (Hrsg. BACH u.a. 1979-1991) beschrieben sind.

Jedoch gilt es dabei festzuhalten, dass trotz der gelegentlichen Erfordernisse spezieller Einzelmassnahmen Substitutionen in verschiedenen Formen im allgemeinen nicht als isolierte Aktivität, sondern im Zusammenhang mit inhaltlich komplexeren pädagogischen Bemühungen, etwa *in lebensweltlichen Zusammenhängen*, von grösserer Wirksamkeit sind.

Im Unterschied zu manchen traditionellen, durch voreilige Prognosen und Resignation bestimmten Tendenzen, die Schonung und Bewahrung als Handlungsformen bevorzugen, gebührt in einer auf weitmögliche Selbstentfaltung und soziale Eingliederung ausgerichteten Sonderpädagogik der Substitution ein besonderer Stellenwert, so dass dem Fördern der Vorrang zukommt.

## 4.4 Kompensation

Da sich bestimmte Schäden trotz beträchtlicher medizinischer und pädagogischer Fortschritte nur in langfristigen Bemühungen oder begrenzt und z.T. überhaupt nicht beheben lassen (z.B. bestimmte extreme kognitive Rückstände, Funktionseinschränkungen bei Gliedmassenverlust, bestimmte Formen der Blindheit, der Gehörlosigkeit), bedarf es zur Ermöglichung optimaler Persönlichkeitsentfaltung und sozialer Eingliederung der Kompensationsformen. Sie dienen einem weitmöglichen Ausgleich für langfristig oder dauernd vorliegende Funktionsausfälle oder andere Mangellagen.

Dabei handelt es sich um regelabweichende, unübliche, im allgemeinen auch umständlichere und oft auf technische Hilfsmittel angewiesene Ersatzfunktionen, gewissermassen um Funktionsreserven, die in regelhaften Lebensbezügen kaum oder nur ansatzweise oder im Spiel beansprucht werden. Um pädagogische Einschränkungen im Sinne einer Minus- oder Defizitpädagogik zu vermeiden, ist eine Ausschöpfung solcher Funktionsreserven unerlässlich.

Die verfügbaren Kompensationsformen sind so vielfältig wie die möglichen Schäden der individualen Disposition. Hier einige Beispiele: Das Erlernen der Blindenschrift, Mobilitätstraining bei Blinden, Ablesen von Sprache beim Gegenüber, Erlernen des Sprechens mittels taktiler, visueller oder technischer Kontrollapparaturen bei Gehörlosigkeit, die Bildung der Ösophagusstimme (Speiseröhrenstimme) und die Nutzung elektrischer Sprachhilfen (Vibrationsgeräte) bei Kehlkopfektomierten, Formen des Sports oder des Schreibens bei beidseitig Armamputierten, Erlernen des Umgangs mit besonderen Schablonen, die bei kognitiv stark retardierten Personen z.B. in der Werkstatt die Verfügbarkeit von Zahlbegriffen bei bestimmten Fertigungsprozessen entbehrlich machen.

Dabei sei vermerkt, dass bei kognitiven und emotionalen Schäden die Möglichkeiten der Kompensation begrenzter sind als in anderen Bereichen. Das deutet auf die besondere Belastung der betroffenen Personen hin.

Die Vielfalt und Differenziertheit der Verfahren, Techniken, Installationen und Hilfsmittel, die der Sonderpädaogik für kompensatorische Handlungsformen angesichts der verschiedenen Schäden zur Verfügung stehen, lässt Zweifel daran berechtigt erscheinen, dass Pädagogen ohne sonderpädagogische Ausbildung oder aufgrund einer Allroundinformation für alle Beeinträchtigungen den höchst unterschiedlichen Bedarfslagen in verantwortbarem Masse gerecht zu werden vermögen.

Kompensation als sonderpädagogische Handlungsform birgt trotz ihrer z.T. fundamentalen Bedeutung Gefahren unterschiedlicher Art in sich: Zum einen ist sie in ihrer Spezifität dazu angetan, die pädagogische Aufmerksamkeit derart zu binden, dass Erlernung und Pflege der unterschiedlichen Ersatzfunktionen überbewertet werden und die Aufmerksamkeit von der eigentlich zentralen pädagogischen Aufgabe, der Förderung der Erlebens- und Verhaltensdisposition in ihren inhaltlichen Horizonten, abgezogen wird - und damit auch die Betroffenen in problematischem Ausmasse auf ihre Mangellagen und Funktionsausfälle fixiert werden. Neben dem Erlernen der jeweiligen kompensatorischen Funktionen sollte daher ihre Nutzung zur Erschliessung zentraler Sinnzusammenhänge ihren pädagogischen Stellenwert bestimmen.

Im Zusammenhang mit der skizzierten *Gefahr einer gewissen Überbewertung und Isolierung kompensatorischer Bemühungen* steht die Tendenz ihrer Konservierung, indem resignierend die Aufmerksamkeit vorwiegend der Pflege und dem Einsatz der Ersatzfunktionen gewidmet und die Aufgabe der Substitution, die Ausschöpfung und Förderung der Funktionsreste im geschädigten Bereich, vernachlässigt wird. Mitunter werden dabei Verfahren der Substitution einschliesslich einschlägiger medizinischer Fortschritte auf den entsprechenden Gebieten übersehen (so z.B. unzureichendes Sehtraining bei vorliegender Sehbehinderung; Beförderung geistig behinderter Personen in vorhandenen institutionseigenen Bussen, obschon sie öffentliche Verkehrsmittel zu benutzen lernen könnten).

Wegen der in der Regel praktischen, ökonomischen und auf die allgemeinen Lebensgegebenheiten eher zugeschnittenen regulären Funktionen jedoch, aber auch aus sozialpsychologischen Gründen (bessere Integrationsmöglichkeiten durch regelhaftes Verhalten) hat die Substitution Vorzüge gegenüber der Kompensation. Darum ist eine unnötige Fixierung auf kompensatorische Funktionen problematischer statt ihre weitmögliche Überwindung durch optimale Mobilisierung, Nutzung und Förderung regulärer Funktionen.

Auch hinsichtlich *inhaltlicher Defizite* wird von den Betroffenen nicht selten eine Kompensation versucht, so z.B. ein Ausgleich von extremen Mängeln an technischen oder praktischen Fertigkeiten, sprachlichen Kompetenzen, bestimmten Wissens- und Erfahrungsdefiziten durch anderweitige Kenntnisse und sonstige inhaltliche Bestände. Dies wird erst dann problematisch, wenn es als Ausweichverhalten zu Versäumnissen des Nachholens wichtiger Bestände führt.

## 4.5 Prävention

Da die Beeinträchtigung durch Schäden in mehr oder minder starkem Masse durch Verbesserung äusserer Lebensbedingungen verringert oder durch Sicherstellung günstiger Gegebenheiten gar von vornherein vermieden werden kann, kommt der *Prävention* im Sinne der *Ver-*

*besserung äusserer Lebensbedingungen* in jedem Fall, d.h. bei allen Arten und Graden von Beeinträchtigungen, ein wichtiger Stellenwert unter den sonderpädagogischen Handlungsformen zu. Es gibt keine Schäden, die nicht durch äussere Bedingungen erschwert oder gemildert werden könnten, und es gibt keine benachteiligenden Bedingungen, die nicht als Gefährdungen bezüglich möglicher Schädigungen anzusehen wären.

Die Prävention als Vermeidung oder als Korrektur von Benachteiligungen mit dem Ziel der Verhinderung von Schäden oder der Verringerung von Belastungen erstreckt sich vor allem auf folgende Bereiche:

- weitmögliche *Reduzierung sozialer Benachteiligungen* (negative personale Umfeldbedingungen, fehlende oder belastende interaktionale Gegebenheiten, insbesondere unzureichende oder problematische erzieherische Einflüsse (vgl. hierzu 2.2.2; 2.2.3),
- weitmögliche *Behebung materieller Benachteiligungen* (mangelhafte Ernährung, Schlafgelegenheit, Spiel-, Lern-, Arbeitsgegebenheiten usw.) (vgl. hierzu 2.2.2),
- weitmögliche *Korrekturen unangemessener Anforderungen* bzw. Erwartungen (Überforderungen, Unterforderungen z.B. durch Schulwahl, Verwöhnungen; vgl. hierzu 2.2.3);
- weitmögliche *Behebung* entsprechender *negativer gesellschaftlicher Rahmenbedingungen* (negative gesellschaftliche Einstellungen, Rollenzuweisungen, Normen usw.) (vgl. hierzu 2.2.4).

Eine einseitige Konzentration der Sonderpädagogik auf Substitution und Kompensation, d.h. auf individuale Gegebenheiten, lässt wesentliche Möglichkeiten der Förderung und Hilfeleistung ausser Acht. Sie übersieht mitunter entscheidende Problemkomponenten und versäumt darüber hinaus, entsprechende Entstehungsbedingungen von Beeinträchtigungen anzugehen. Daher gebührt der Prävention im geschilderten Sinne unter den Handlungsformen der Sonderpädagogik wesentlich stärkere Aufmerksamkeit als ihr in der Regel gewidmet wird.

Allerdings bedeutet das nicht, dass dieses Handlungsfeld von allen Vertretern bzw. Vertreterinnen der Sonderpädagogik wahrgenommen werden solle und könne. Hier erweist sich eine Arbeitsteilung erforderlich. Sie ist allein deshalb erforderlich, um eine ausreichende Kompetenz in der Beherrschung der einzelnen Verfahren sicherzustellen.

In der Praxis werden bereits Aufgaben der Prävention nicht selten von der *Sozialpädagogik* übernommen, wodurch eine *Arbeitsteilung* im genannten Sinne angebahnt ist und damit eine Verzahnung beider Disziplinen hinsichtlich ihrer sachlichen Zusammengehörigkeit.

## 4.6 Exkurs: Methoden der Gesellschaftsbeeinflussung

Wegen ihrer Bedeutung und zugleich wegen ihrer praktischen Vernachlässigung sowie wegen der relativen Unbekanntheit sollen hier einige Gesichtspunkte wenigstens skizziert werden.

Da entscheidende Korrekturen von Benachteiligungen und die langfristige Gewährleistung verbesserter gesellschaftlicher Lebensbedingungen von entsprechenden Einstellungen und Motivationen der Glieder der Gesellschaft abhängig sind, ist von einer blossen Veränderung äusserer Verhältnisse keine entscheidende Wirkung zu erwarten.

Da Einstellungsänderungen und Motivationskorrekturen nur durch intensive und zum Teil langwierige Lernprozesse zu erreichen sind, ist auch von plötzlichen, revolutionären Veränderungen keine entscheidende Dauerwirkung zu erwarten.

Da Einstellungsänderungen und Motivationskorrekturen bei wenigen einzelnen offenkundig keine hinreichende Wirkung zeitigen, bedarf es der Beeinflussung vieler einzelner und nicht nur sogenannter massgeblicher Glieder der Gesellschaft.

Statt einer blossen Änderung äusserer Verhältnisse, der Herbeiführung aktueller Meinungsströmungen und der Beschränkung auf bipolare erzieherische Beeinflussung, bedarf es einer entscheidenden

Ausweitung der Sonderpädagogik durch ein System, das eine *planmässige pädagogische Beeinflussung in grosser Breite* ermöglicht.

Zielgruppen sind sowohl die Multiplikatoren (insbesondere Lehrende aller Schulen und Hochschulen), die Politiker und Politikerinnen (keineswegs nur im Bereich der Sozialpolitik) als auch die ganze Breite der Bevölkerung, nicht zuletzt Kinder und Jugendliche.

Erster Schritt ist die *Ermittlung* der bewussten und unbewussten *Ausgangslage* der Zielgruppen gegenüber beeinträchtigten Menschen, wobei Aggressionen sich häufig als Ausdruck von Angst oder Verunsicherung angesichts vorliegender Beeinträchtigungen erweisen. Vorwürfe und Kampfpositionen sind demgemäss in aller Regel besonders unzweckmässige Aktionsformen.

Um zu Einstellungsänderung motivieren zu können, ist die Kenntnis der Interessenlage der Zielgruppe von besonderer Bedeutung, d.h. die bevorzugte *Form subjektiven Wertgewinns* (Angstfreiheit, Sicherheit auf weite Sicht, Erfolg, soziales Ansehen). Auch die Motivation durch Einsicht in die gesellschaftlichen Mitbedingungen scheinbar isolierter individueller Beeinträchtigungen und die Verpflichtung gemeinsamer Übernahme der Lasten sollte dabei ebensowenig übersehen werden wie die Erkenntnis, dass jeder unter Umständen unversehens beeinträchtigt werden kann.

Als Beginn und Untergrund des Lernprozesses ist *emotionale Zuwendung* zum beeinträchtigten Menschen hilfreich, obschon sie allein zumeist nur geringe Tragfähigkeit besitzt, ins Gegenteil umschlagen kann und häufig keine hinreichend sachgemässen Verhaltensweisen zeitigt. Sie bedarf der Stabilisierung durch konkrete Kenntnisse über Entstehungsbedingungen, Erschwerungsfaktoren, Bedürfnisse und Förderungsmöglichkeiten von Betroffenen.

Den *positiven* Aspekten der erreichbar erscheinenden *Möglichkeiten* und der faktisch schon vorhandenen Hilfen und Institutionen kommt dabei ein psychologisch besonders grosses Gewicht zu.

Stets empfiehlt es sich, von bereits bekannten Sachverhalten auszugehen.

Die Informationen bedürfen schrittweiser Verdeutlichung, da durch plötzliche Informationsüberschüttung u.U. Informationsschocks auftreten, die zum Abbruch der Lernprozesse führen können. Auch bedarf es der *Zeit für Lernprozesse und namentlich für gefühlsmässige Umstellungen.*

Fernsehen, Film, Radio, Presse, Literatur (nicht zuletzt Schulbüchern) und besonderen Aktionen kommt eine wesentliche Rolle bei der Informationsarbeit zu.

*Das Hinsehen - nicht das Wegsehen - ist die unabdingbare Voraussetzung* für Kenntnisnahme und Verständnis. Dementsprechend ist es wichtig, dass der beeinträchtigte Mensch die Duldung des Betrachtetwerdens in seiner Bedeutung erkennt.

Besonders vielseitige und positive Möglichkeiten bietet die Beobachtung der Arbeit mit beeinträchtigten Menschen. Deshalb ist es erforderlich, sofern sie nicht integriert geschehen kann -, dass alle Institutionen der Sonderpädagogik soweit als irgend möglich der Öffentlichkeit offenstehen - nicht nur an Tagen der „offenen Tür". Allein aus diesem Grunde müssen sie so plaziert sein, dass sie leicht erreichbar sind.

Das umfängliche Verständnis für beeinträchtigte Menschen wächst aus dem *gemeinsamen Erleben und aus dem handelnden Umgang;* dementsprechend spielt die Laienmitarbeit in den Einrichtungen keineswegs nur die Rolle einer Unterstützung der Fachkräfte, sondern sie ist ein hervorragendes *Medium der Identifikation* mit den Problemen der beeinträchtigten Menschen.

Von besonderer Bedeutung ist eine *weitmögliche Integration* aller Förderbemühungen vom Kindergarten über die Schule bis zum Berufs- und Freizeitbereich. (Vgl. hierzu Kap. 5.4)

Auf der Basis des Verständnisses für die Situation beeinträchtigter Menschen und der Identifizierung mit ihren Problemen lassen sich die erforderlichen praktischen und legislativen Massnahmen am wirksamsten darstellen.

Als Träger der Aktivitäten kommen alle im Bereiche der Sonderpädagogik Tätigen in Frage. Neben hauptberuflich tätigen Spezialistinnen und *Spezialisten* und Organisatoren *der Öffentlichkeitsarbeit* ist eine Mitwirkung jeder Fachkraft mit einem bestimmten Pflichtanteil erforderlich (Vorträge, Elternabend, öffentliche Veranstaltungen, Berichte, Artikel usw.).

Als Mitwirkende kommen darüber hinaus wegen ihrer Motivationslage neben den Interessenverbänden insbesondere die Angehörigen und vor allem die beeinträchtigten Personen selbst in Betracht.

Für sie gilt es, Techniken zur Überwindung der Scham und der Distanz seitens der Umwelt zu trainieren und vor allem *Verständnis für das Unverständnis der Umwelt* zu erwerben, indem deren Angst und Unkenntnis sowie die entsprechenden Reaktionsformen angemessen gesehen werden.

Von nicht zu unterschätzender Bedeutung ist es, dass auf eine scheinwissenschaftliche und letztlich unmoralisch-hochgestochene Ausdrucksweise verzichtet wird zugunsten einer Bemühung um breite Verständlichkeit.

## 4.7 Subvention

Wenn absehbar ist, dass die vorrangigen Handlungsformen der Substitution, der Kompensation und der Prävention die bestehende Diskrepanz zwischen individualer Disposition und Umfeldanforderung nicht in hinreichendem Masse zu verringern vermögen, ist an *Subvention im Sinne der Korrektur der Erwartungen und Anforderungen des Umfeldes zu denken.*

Dies gilt nicht nur bei überhöhten Ansprüchen, sondern auch bei regelhaften Erwartungen, wenn aufgrund vorliegender Schäden bei nicht wesentlich korrigierbaren äusseren Bedingungen regulären Anforderungen nicht entsprochen werden kann - so z.B. bei vorliegender geistiger Behinderung, bei Spastizität, bei schweren psychischen Problemen.

Subvention erstreckt sich
- einerseits auf Bemühung um die *Rücknahme belastender* überhöhter oder aus individualen Gründen unrealisierbarer Erwartungen und *Anforderungen*, jedoch auch auf die *Korrektur* resignierender, entwicklungshemmender Unterforderungen sowie *normwidriger Umfeldanforderungen* und
- andererseits auf die in diesem Zusammenhang zumeist anstehende *Aufgabe des Abbaues von negativen emotionalen Einstellungen* zu den betroffenen Personen, von Abwertungen, Stigmatisierungen, Vorbehalten, Aggressionsneigungen und
- schliesslich auf die *Anleitung zu angemessenem praktischem Umgang* mit den betroffenen Personen,

und zwar nicht nur im engsten Umkreis der näheren Bezugspersonen, sondern auch im weiteren Umfeld der Nachbarschaft und Verwandtschaft und darüber hinaus im gesellschaftlichen Rahmen.

Allerdings gilt es, auch die *Gefahren* voreiliger oder *überzogener* Subvention im Sinne einer *Reduzierung von Anforderungen* zu sehen. Sie kann zu einer entwicklungshinderlichen Bejahung eines überwindbaren Zustandes führen und vorschnelle Resignation bei Betroffenen und pädagogische Gleichgültigkeit im Umfeld bewirken, indem auf hilfreich-stimulierende Erwartungen und Anforderungen verzichtet wird, integrationseinschränkende Schonräume geschaffen und eingeengte Lebensmöglichkeiten in fragwürdiger Weise glorifiziert werden etwa unter dem Slogan „Behindertsein ist schön".

In diesem Zusammenhang ist auch die Überschätzung der wichtigen Ent-Etikettierung beeinträchtigter Menschen zu sehen. Der Verzicht auf stigmatisierende Bezeichnungen ist nur ein Teil notwendiger Assistenz. Die Faszination von seiner Bedeutung aufgrund der Stigmadiskussion darf jedoch nicht dazu führen, dass die Aufgaben der Substitution, der Kompensation und der Prävention vernachlässigt werden, denn ein beeinträchtigter Mensch z.B. bedarf etwa hinsichtlich vorliegender Spastizität doch neben dem Verzicht auf die Benennung als „Körperbehinderter" oder „Spastiker" noch anderer umfänglicher pädagogischer Unterstützung. Jedenfalls lassen sich durch Subvention allein nur Teilbereiche der anstehenden Aufgabe lösen.

## 4.8 Beratung

In allen Bereichen der Sonderpädagogik spielt die Beratung der Miterziehenden des beeinträchtigten Menschen eine wesentliche Rolle, da die Erziehenden angesichts der Komplexität anstehender Problemlagen einerseits auf Mitwirkung und Unterstützung durch die anderen in Mitverantwortung Stehenden angewiesen sind und andererseits alle Bemühungen nur dann voranführen, wenn sie gleichsinnig erfolgen.

Aufgaben der Beratung sind

- Erörterung der Situation unter besonderer Berücksichtigung der Beeinträchtigung, der offengebliebenen Möglichkeiten und der vermuteten Entstehungsbedingungen,
- Korrektur unzweckmässiger (resignativer, illusionärer u.a.) Erwartungshaltungen des Umfeldes, insbesondere der Erziehenden,
- Erörterung des Förderbedarfs - gegebenenfalls unter Beschränkung auf die nächstnotwendigen Schritte,
- Vertrautmachung mit den angezeigten pädagogischen Methoden und Medien im Hinblick auf die konkrete Lebenssituation des Betroffenen,
- Information über die gegebenenfalls in Frage kommenden sonderpädagogischen Organisationsformen und ihrer Angebote,
- Korrektur erzieherischer Fehlhaltungen, die angesichts vorliegender Beeinträchtigungen verständlich sind und nicht Anlass zu Beurteilungen, sondern zu Handreichungen für sinnvolle Umstellungen sein sollten,
- Erörterung notwendiger Änderungen der Entwicklungsbedingungen hinsichtlich der personalen und der Sachumwelt,
- Erörterung angemessener Verhaltensweisen gegenüber dem Umfeld (Geschwister, Nachbarschaft, Verwandtschaft usw.),
- Hinweise auf erforderliche ärztliche Hilfe,

- Hinweise auf erforderliche rechtliche und materielle Hilfe,
- Hilfe angesichts der psychischen Notlage der Angehörigen selbst.

Partner/Partnerinnen der Beratung sind:
- Die Eltern, wobei der Vater in den Gesprächskreis einbezogen werden sollte, da seine Rolle für das Entwicklungsgeschehen häufig von besonderer Bedeutung ist,
- Ältere Geschwister, Verwandte, insbesondere Grosseltern als Miterziehende - wenn nicht gar als Haupterziehende,
- Partner und Partnerinnen der Betroffenen,
- Lehrende, Erziehende in Heimen usw., Sozialarbeiterinnen und Sozialarbeiter,
- Ärzte und Ärztinnen,
- Behörden, Verwaltungsfachleute, Richter und Richterinnen, Träger von Einrichtungen, Verbände,
- die Öffentlichkeit, die über die besonderen Lebensprobleme und Chancen Beeinträchtigter intensiver Informationen bedarf.

## Formen der Beratung

Als einfachste Form der Beratung ist die *Auskunft* über spezielle Beratungs- und sonstige Hilfsmöglichkeiten pädagogischer, psychologischer und ähnlicher Art anzusehen. Hierbei wird noch nicht auf Sachprobleme eingegangen, sondern auf entsprechende Möglichkeiten hingewiesen. Dies geschieht gegebenenfalls mit einer direkten Überweisung oder einer Kontaktvermittlung etwa telefonischer Art, um den Ratsuchenden den Weg zu erleichtern.

Eine intensivere Form der Beratung stellt die *allgemeine Sachinformation* über Möglichkeiten und Formen spezieller Hilfen dar. Sie setzt voraus, dass das Beratungsproblem bereits zur Sprache gekommen ist und kann in der Form von Gesprächen, Merkblättern, Rundschreiben, durch Literatur, durch Veranstaltungen wie Elternabende, Wochenendseminare, Arbeitswochen usw. erfolgen und durch Auskünfte ergänzt werden.

Als Beratung im engeren Sinne ist die *Sachberatung über individuelle Fragen* zu nennen. Sie kann im Einzel- oder Gruppengespräch oder als praktische Anleitung erfolgen (Sprechstunde, Hausbesuch, Hospitation der Einrichtung usw.) und setzt in jedem Falle eine sorgfältige Diagnose voraus.

Diese zentrale Form der Beratung erweist sich dann als besonders wirksam, wenn sie nicht als ein Ratgeben oder gar als ein Vorschreiben erfolgt, sondern als ein *Sich-Miteinander-Beraten*, eine gemeinsame Wegsuche, die erzieherische Einsichten und Einfälle erwägt und Eigenverantwortlichkeiten fördert (vgl. hierzu MUTZECK 1996).

Über die Beratung im eigentlichen Sinne geht die *direkte Förderung* bereits hinaus. Sie ist dadurch gekennzeichnet, dass ein beeinträchtigter Mensch einzeln oder gruppenweise seitens des Beratenden erzieherisch über mehr oder minder lange Zeit hin gefördert wird.

Wenn die persönliche psychische Hilfe für die Ratsuchenden, die im Zusammenhange mit der Sachberatung nicht selten unerlässlich ist, in *psychotherapeutische Behandlung* einmündet, wird gleichfalls der Bereich der Beratung im engeren Sinne überschritten.

Eine Sonderform der Beratung stellt das *Gutachten* dar, das sich an Adressaten wendet, die erzieherisch relevante Massnahmen zu treffen haben.

Schliesslich ist die *Öffentlichkeitsarbeit* in Form von Fernseh- und Rundfunksendungen, von Zeitungs- und Zeitschriftenartikeln, von Vorträgen, Ausstellungen usw. eine wichtige Form der Beratung. (Vgl. hierzu auch Kap. 4.6)

## 4.9  Beziehungen und Haltungen

Es ist bemerkenswert, dass Beziehungsprozesse in einer Disziplin, die es nicht zuletzt mit Beziehungsproblemen zu tun hat, nur zögernd in den Bereich wissenschaftlicher Reflexion einbezogen werden.

Unausgesprochen findet sich *neben dem positiven Wertbegriff von Beziehung dessen Neutralisierung*, indem der Partner als blosser

„Adressat", als „Gegenstand", als „Objekt", als „Fall", als „Material" gesehen wird, wie die verräterischen Vokabeln lauten.

Verständlicherweise verringert sich gemäss solchen Vorstellungen von reduzierten Beziehungen die Beteiligung oder gar die Mitgestaltung der Betroffenen an Förderprozessen. Dabei ist es doch gerade bei vorliegenden Problemen, Bedrängnissen, Notlagen von grosser Bedeutung, dass die Hoffnungen, Erwartungen, Bedürfnisse, Sichtweisen, Mitteilungen von Bedrängten - gleich welcher Altersstufe - im Beziehungsprozess auch vernommen werden.

Man vermisst sodann eine Darstellung und Hervorhebung der *Bedeutung des Zuhörens* seitens der Pädagogen und Pädagoginnen, um die Seite der zu Erziehenden gebührend zum Tragen kommen zu lassen.

Ein anderes Defizit besteht hinsichtlich der Wahrnehmung der situativen, der subjektiven und der gesellschaftlichen Bedingungen der Handelnden. *Beziehungsfähigkeit der Erziehenden* erscheint als das Selbstverständlichste, das allenfalls noch des erweckenden Postulats bedarf. Gesellschaftliche Muster und Zwänge, persönliche Entwicklungsprobleme, Übertragungsfolgen eingeschlossen, situative, materielle oder interaktionale Bedingungen werden allenfalls hinsichtlich der primär Hilfebedürftigen thematisiert. So kann es nicht ausbleiben, dass gelegentlich der entscheidende Störfaktor in Beziehungsprozessen übersehen wird.

Eine weitere Lücke bezüglich der Beziehungsprozesse ist in der *mangelnden Wertbegründung* zu sehen. Bereits die positive Stilisierung des Begriffs „Beziehungen" führt unversehens zu einer Vernachlässigung der wichtigen Diskussion, welche Züge von Beziehung für wünschenswert gehalten werden und wie diese Entscheidung zu begründen ist. Durch eine wohlmeinende Begnügung mit einem blossen Appell lässt sich jedenfalls nicht verhindern, dass sich suspekte Vorstellungen einschleichen.

Bei dieser Reflexion bedarf nun allerdings stets der weithin übersehene Sachverhalt der Aufmerksamkeit, dass sich erst hinsichtlich der Beziehungspartner, der Beziehungssituationen, der Beziehungsthematik und der Beziehungsbedingungen entscheiden lässt, was hier und jetzt zu einer positiven Gestaltung der Beziehungen beitragen könnte. Verschiedene Menschen bedürfen jedenfalls in verschiedenen Lebensphasen, Lebenslagen und -situationen *unterschiedlicher Beziehungen*.

Schliesslich ist auf eine mangelnde und zumindest zu wenig konkrete Reflexion hinzuweisen, was denn nun Beziehung eigentlich sei.

Ist Beziehung etwas Eigenes, zwischen Menschen Wirkendes, eine eigene ontologische Grundgegebenheit? Oder besteht sie vor allem im Denken, Fühlen und Handeln eines Menschen hinsichtlich eines anderen - indem sie dessen Erwartungen, Wünsche, Hoffnungen, Aktivitäten wahrnimmt, zu verstehen, zu beantworten, zu erfüllen oder zu modifizieren sucht gewissermassen also in Unterstellungen, die durch mehr oder minder dringliche Korrekturprozesse modifiziert werden?

Im folgenden wird davon ausgegangen, dass Beziehungen entscheidend auf Projektionen beruhen. Projektion ist hier also nicht als ein pathologischer Ausnahmefall anzusehen, sondern als ein Fundament zwischenmenschlicher Beziehungen.

In dem Masse, in welchem durch Wahrnehmen des anderen, durch Zuhören und entsprechende Reaktion die Stimmigkeit der Projektion beider Seiten erhöht wird, gewinnt die Beziehung an Qualität.

Analog zu positiv gesehenen Prozessen der Beziehung durch Wahrnehmen, Zuhören, Korrektur der eigenen Projektion oder Beeinflussung der Partner sind negativ beurteilte Beziehungsentwicklungen zu kennzeichnen durch Verfestigungen unzutreffender Projektionen, durch Manipulation der Partner gemäss eigenen Vorstellungen, durch Überhören des anderen.

Handlungsformen führen unversehens zu routiniertem, oberflächlichem Machen, zu blosser Behandlung von Menschen, sofern eine tragfähige Beziehung zwischen den Sonderpädagogen/Sonderpädagoginnen und den beeinträchtigten Menschen vernachlässigt wird.

*Die Wirksamkeit von Handlungsformen und die Tragfähigkeit von Beziehungen sind auf die Dauer gesehen abhängig von der Haltung der Pädagogen bzw. Pädagoginnen, welche die Atmosphäre des pädagogischen Raumes bestimmt, die Empfänglichkeit für das fördernde*

*Angebot erweitert oder überhaupt erst eröffnet. Die Methode wirkt nicht automatisch. Sie wird erst voll wirksam im Medium der Haltung, wobei unter Haltung die zeitüberdauernde, die einzelnen Handlungen bestimmende Disposition zu verstehen ist.*

*Problematisch* sind das Behandeln, Beobachten, Beurteilen, Bewahren und Bemitleiden - als überwiegende Einstellungen zum beeinträchtigten Menschen. Sie pflegen auf die Dauer Gefügigkeit, Absperrung und Resignation hervorzurufen.

Im Hinblick auf die innere Situation von Menschen mit besonderen Problemen erweisen sich vor allem folgende Haltungszüge als Bedingung für eine hilfreiche Beziehung, die zwar auch für die Regelpädagogik gilt, für die Sonderpädagogik jedoch in wesentlich stärkerem Masse als Grundlage für wirksame Hilfen anzusehen ist (vgl. BACH 1995):

1. *Erfülltheit* des Helfenden von der Aufgabe, um die es jeweils geht. Gleichsam durch Ansteckung vermag er zu erwärmen und in das Vorhaben hineinzuziehen. Voraussetzung hierfür ist, dass ihn die Aufgabe selber angerührt hat, dass er sich bereit gemacht und innerlich gesammelt hat für die anstehende Arbeit, etwa für die vorgesehenen Anregungen, Angebote usw.

2. *Zugewandtheit* zum einzelnen und zur Gruppe im Augenkontakt, im Sich-kümmern um Freuden und Kümmernisse, im persönlichen Sich-anrühren-lassen von Bedrängnissen und Erwartungen, in der Gewährung menschlichen Beisammenseins in der Form des Wir-Verhältnisses.

Diese Zuwendung ist zu unterscheiden von einer Als-ob-Zuwendung, bei welcher sich der andere nicht ernstgenommen fühlt, und von einer Distanzlosigkeit, welche den Bezug aufhebt oder körperliche Nähe mit innerer Nähe verwechselt. Sinnvolle Zuwendung vermittelt das fundamentale Gefühl von Wahrgenommenwerden und Angstfreiheit.

Zuwendung wächst durch Zuwendung, durch intensive, einfühlsame Beschäftigung mit der inneren Situation und dem Schicksal des anderen.

3. *Aufgeschlossenheit* als Bereitschaft zu Verständnis, Bejahung und Annahme des anderen - trotz aller Fehler, Schwächen und Gebrechen - mit all seinen Wünschen, und seien sie noch so unverständlich, unerfüllbar oder bedenklich. Hierzu gehört neben der Einfühlsamkeit und dem Betroffensein auch die Geduld als verständnisvoller innerer Mitvollzug der Handlungs-, Denk- und Erlebensabläufe des anderen.

Erst solche Aufgeschlossenheit ohne Einschränkung, ohne Wenn und Aber, ohne Bewertung vermittelt das Gefühl des Angenommenseins und schafft jene Bindung, die Bitten, Anregungen, Grenzsetzungen und Aufgaben zu tragen vermag. Aufgeschlossenheit ist nicht gleichbedeutend mit einem Gutheissen aller Wesenszüge und Schwächen, sondern bedeutet auch das Verstehen des Versagens. Sie ist jedoch nur dann wirksam, wenn sie ehrlich und nicht bloss taktische Massnahme ist.

Wirkliche Aufgeschlossenheit ergibt sich am ehesten durch eine Vergegenwärtigung der eigenen, verborgenen, umfassenden Wünsche nach aufgeschlossenem Angenommensein.

4. *Bestimmtheit* weiss um das Lohnende ihres Angebots und Anspruchs und macht dies deutlich. Bestimmtheit, die aus dem Gefühl der Verantwortlichkeit erwächst und dem anderen und der Sache dient, kann leise auftreten und oft auf Worte verzichten. Lauten Forderungen fehlt nicht selten die innere Bestimmtheit. Bestimmtheit wird hohl, wo sie Unnötiges oder Unmögliches vertritt. Bestimmtheit gewährt klare Orientierung und gibt Sicherheit.

Bestimmtheit wächst mit der Einsicht in die Notwendigkeit von Ordnungen und mit der Erfassung dessen, was der weiteren persönlichen Entwicklung förderlich ist.

5. *Verlässlichkeit* hinsichtlich des Stehens zu gestellten Aufgaben, Ankündigungen, Versprechungen wie hinsichtlich des Einhaltens gesetzter Ordnungen, Regeln und Grenzen. Verlässlichkeit ist mehr als Konsequenz im Sinne eines Bestehens auf Forderungen, die an andere gestellt werden. Sie umfasst zugleich das Festhalten an Anforderungen, die den Helfenden gestellt sind, worunter nicht zuletzt auch das

Nicht-abschreiben und Nicht-im-Stich-lassen des anderen zu verstehen ist.

Erst Verlässlichkeit in solch doppelter Hinsicht ermöglicht es dem anderen, Vertrauen zu fassen.

6. *Zuversichtlichkeit* als positive Erwartungshaltung, als sachlich begründetes Vertrauen und dementsprechende Ermutigung unterscheidet sich von Vertrauensseligkeit und von leichtfertigem Optimismus dadurch, dass sie sich auf das Mögliche beschränkt. Sie wurzelt in der aufgeschlossenen Erfassung verschütteter Kräfte des anderen und gewährt ihnen eine angemessene Chance. Sie lässt sich nicht einseitig von den Fehlern und Misserfolgen faszinieren, stösst nicht blindlings auf Schwächen und Mängel, vermeidet die Konstatierung von Unfähigkeiten und die Prophezeiung von Minderleistungen, enthält sich des Nörgelns, der Resignation und voreiliger Hilfeleistung. Sie ist vielmehr bereit, auf die unausgesprochene Anfrage „Traust du mir das zu?" mit einem positiven Impuls zu antworten. Solche Zuversichtlichkeit ermöglicht es dem anderen, ein angemessenes Selbstvertrauen zu gewinnen und zu wachsender Selbständigkeit zu gelangen.

Sie entsteht gleichsam von selbst, sofern die Helfenden ihren Blick von fremden und eigenen Vorurteilen freimachen und sich für die positiven Züge und Möglichkeiten, für die Leistungen, erfreulichen Einfälle und verborgenen Sehnsüchte des anderen öffnen.

7. *Anerkennungsbereitschaft* hinsichtlich der erzielten Fortschritte - und seien sie noch so geringfügig - misst nicht nach objektiven Normen, sondern wertet die subjektiven Mühen. Sie drückt sich dort aus, wo sie die Mühe entdeckt und wo sie die Hoffnung auf freundliche Zustimmung spürt. Sie spart sich nicht für das Aussergewöhnliche auf und hält nicht alles für selbstverständliche Pflicht. Sie schafft sich geradezu Gelegenheit durch Rückblick auf frühere Stufen, die schon ein wenig oder weitgehend überwunden sind. Anerkennungsbereitschaft kennt viele Formen - vom Augenzwinkern und Zunicken bis zum ausgesprochenen Wort. Allerdings äussert sie sich nur, wenn zuvor hingesehen und geprüft worden ist, denn wenn sie einmal spricht - und

sei es auch mit guter Absicht -, wo nichts anzuerkennen ist, verliert sie leicht ihre Glaubwürdigkeit.

Nur ehrliche Anerkennung vermittelt ein angemessenes Selbstwertgefühl, welches zu weiteren Fortschritten beflügelt.

Voraussetzung zur Gewinnung von Anerkennungsbereitschaft ist die Einstellung des Auges auf das, was häufig übersehen oder als selbstverständlich hingenommen wird, die Ausbildung des Blickes für erste Ansätze. Nur insofern Anerkennung Ausdruck wirklicher Freude ist über eine neugewonnene Stufe, ist sie echt und bedeutsam für den anderen.

8. *Lebendigkeit.* Jeder der genannten Haltungszüge wird sinnlos, wenn er zu Routine erstarrt oder wenn er allen in schematischer Gleichmässigkeit begegnet. Wirkliche, d.h. wirkende Haltung ist darum nicht zuletzt durch Lebendigkeit charakterisiert. Sie ereignet sich jedem gegenüber anders und in jeder Situation neu. Selbst gegenüber derselben Person wird sich die Haltung im Laufe der Zeit wandeln müssen gemäss den erzielten inneren Wandlungen auf beiden Seiten.

So ist die Wandlungsfähigkeit von Person zu Person, von Situation zu Situation der Massstab für die Lebendigkeit der Haltung und die Selbstkritikfähigkeit.

9. *Problemoffenheit*: Alle Pädagogik hat es mit Problemen und deren Überwindung zu tun, mit der Spannung zwischen Anforderung und Fähigkeit, zwischen Orientierungserfordernis und mangelnden Kenntnissen, zwischen Verhaltensregeln und Widerständen. Die entsprechenden Lösungsbemühungen gehören zur regelmässigen pädagogischen Aufgabe.

Wenn sich nun aber solche Probleme nicht mit pädagogischen Alltagskompetenzen beheben lassen, wird mitunter „Bildungsunfähigkeit" oder „Erziehungsunfähigkeit" konstatiert. Dies ist weniger als Ausdruck von Gleichgültigkeit und Aufgabenflucht, als vielmehr von Hilflosigkeit, von unzureichenden Kenntnissen für die Bewältigung der Aufgabe anzusehen.

Demgegenüber ist die grundsätzliche Problemoffenheit ein hervorhebenswertes Kennzeichen der Sonderpädagogik und zwar ohne Grenzen bezüglich der Schwierigkeit der vorliegenden Probleme.

Sonderpädagogik ist geradezu als letzte Instanz zu beschreiben, als ein Offenhalten für die schwierigsten, kompliziertesten, belastendsten Situationen. Diese Haltung zeigt sich in der pädagogischen Arbeit mit schwerstbehinderten Menschen (vgl. hierzu etwa FRÖHLICH u.a. 1991) ebenso wie in der Euthanasiedebatte (vgl. hierzu ANTOR 1985) wie zuvor bereits im langjährigen Ringen etwa um das Schulrecht für geistigbehinderte Kinder. Problemoffenheit in diesem Sinne drückt sich weniger in Deklamationen und Pathos als vielmehr in der Art des Umganges mit schwerstbehinderten Menschen und mit komplizierten Situationen aus. Sie fusst nicht zuletzt auf dem Bewusstsein der Folgen von Euthanasietendenzen für die Gesellschaft wie für den einzelnen betroffenen Menschen.

10. *Verantwortlichkeit*: In engem Zusammenhang mit der Problemoffenheit ist das Erfordernis der Verantwortlichkeit zu sehen. Man könnte geradezu von einem sonderpädagogischen Imperativ sprechen: *Handle stets so, als hättest du die letzte Verantwortung für den beeinträchtigten Menschen, der dir mit seinen Problemen begegnet.*

## 4.10 Sonderpädagogische Prinzipien

Neben den Prinzipien, welche die Sonderpädagogik mit der Regelpädagogik teilt, lassen sich einige speziell für die Sonderpädagogik bedeutsame Prinzipien hervorheben:

- *Aktivierung*
  Aktivierung des beeinträchtigten Menschen zum handelnden Subjekt der Sonderpädagogik bei weitmöglicher Emanzipation von feudalistischen Ansprüchen der Fachleute - statt ihn als Patienten, als blossen Fall sonderpädagogischer Massnahmen zu „unterwerfen". Es gilt, nicht nur *für* ihn, sondern *mit* ihm zu handeln.

- *Prävention*
  Frühestmögliche Erfassung und Behebung von Gefährdungen bzw. Störungsansätzen - statt untätigen Zuwartens und blossen Hoffens auf Selbstregulierungen.
- *Kommunikation*
  Herstellung eines tragfähigen Bezugsverhältnisses einschliesslich der Berücksichtigung individueller und gruppendynamischer Motivations- , Verstärkungs-, Übertragungs-, Widerstands- und Ablösungsprobleme - statt unzweckmässiger Beschränkung auf lediglich technische Kontakte. Insbesondere gilt es, *mit* dem beeinträchtigten Menschen statt nur *über* ihn zu reden.
- *Spezifikation*
  Gewährleistung besonderer, d.h. über das Übliche hinausgehender, problemspezifischer pädagogischer Massnahmen, Methoden, Mittel und Einrichtungen gemäss den Besonderheiten der vorliegenden Beeinträchtigung.
- *Komplexität*
  Komplexität der pädagogischen Massnahmen im Hinblick auf die zumeist mit Syndromcharakter auftretenden Beeinträchtigungen - statt der einseitigen Faszination von sogenannten dominierenden, primären oder Hauptbeeinträchtigungen.
- *Kooperation*
  Kooperation mit Fachleuten der verschiedenen sonderpädagogischen Fachrichtungen, der Psychologie, Soziologie, Medizin und anderer relevanter Bereiche und mit den häuslichen Miterziehenden - statt isolierten, gegenseitige Anregungen und Korrekturen verhindernden Vorgehens.
- *Integration*
  Weitmögliche Integration der Erziehungsarbeit in den regelhaften Erziehungsbereich - statt unzweckmässiger, die soziale Erziehung erschwerender Separierung.
- *Reduktion*
  Sonderpädagogische Massnahmen sind für den einzelnen beeinträchtigten Menschen weitmöglich als abnehmende Grösse anzuse-

hen - statt als vorgefasstes festes System lebenslänglicher Obhut und entsprechend fixierender negativer Prognostik.

- *Normalitätsorientiertheit*
  Ziele, Massnahmen und Einrichtungen sind soweit sinnvoll am Regelbereich zu orientieren - statt durch überflüssige Besonderheiten Integration zu erschweren.
- *Effektivität*
  Überprüfung der eigenen Haltung und Wirksamkeit der Bemühungen bezüglich der Verbesserung der Befindlichkeit, der Integrations- und der Leistungsfähigkeit der Betroffenen.

## 4.11 Das Besondere und das Regelhafte

Neben den geschilderten Handlungsformen bedarf die Sonderpädagogik natürlich auch des ganzen Arsenals regelhafter pädagogischer Handlungsformen - vom Spiel über Sport bis zu Unterricht und Arbeit - allerdings stets mit einer durch die besondere Zielstellung bedingten „Modification" der „Thätigkeitsregelung", wie es bereits GEORGENS und DEINHARDT (1861,5) angeregt haben.

Soweit irgend aussichtsreich, gebührt dabei der Förderung (der Substitution) und der Behebung von Benachteiligungen (der Prävention) gegenüber der Bemühung um Ersatzfunktionen (der Kompensation) und der Anspruchsreduzierung (der Subvention) der Vorrang.

Wenn sich nun im Bereiche der Regelpädagogik auch Handlungsformen finden, die in prinzipieller Hinsicht den hier dargestellten vergleichbar sind, so ergeben sich doch aus Vielfalt und Differenziertheit der sonderpädagogischen Handlungsformen und der ihnen zugeordneten Verfahren und Techniken und durch den wesentlich über das Übliche hinausgehenden Umfang der Förderung disziplintypische Charakteristika.

Dies sollte jedoch weniger als Kennzeichen der Unterscheidung, sondern vielmehr als Hinweis auf Zusammenhänge, fliessende Übergänge und wechselseitige Anregungserfordernisse gesehen werden.

Vom Bereich der Sonderpädagogik abzuheben sind Handlungsformen die - einseitig fasziniert durch entweder bestimmte individuale Gegebenheiten oder durch soziale Benachteiligungen - die Komplexität vorliegender Problemlagen übersehen und sich in ineffektiver Weise nur auf die Bemühung um einzelne Symptome konzentrieren. Ebenso problematisch sind Handlungsformen, die - mit fragwürdigen Vorstellungen von der Machbarkeit innerer Prozesse - Pädagogik mit Behandlung verwechseln und durch „gezielte Interventionen", durch „Modifikationen von Verhalten" ohne angemessene Kooperation mit den Betroffenen versuchen, Erlebens- und Verhaltensdispositionen zu beeinflussen. Als wirksamer erweist es sich - wie bei der Ermittlung der Ziele - gemeinsam mit den Betroffenen die jeweils erforderlichen und bevorzugten Handlungsformen zu wählen.

## 4.12 Sonderpädagogik und Therapie

Im Bereiche der Sonderpädagogik lässt sich zunehmend eine Neigung zur Bezeichnung bestimmter Aktivitäten als „Therapie" feststellen. So wird - vor allem hinsichtlich des methodischen Vorgehens - von Spiel-, Mal-, Musik-, Arbeits-, Stimulationstherapie, ja von Unterrichts-, von Erziehungs- und von pädagogischer Therapie gesprochen. Stärker ziel- bzw. aufgabenorientiert sind Bezeichnungen wie Sozial-, Milieu-, Verhaltens-, Psycho-, Lern-, Sprach-, Legasthenie-, Sexual-, Eltern- und Familientherapie neben vielen anderen. Mit derartigen Begriffen werden teils altbekannte pädagogische Verfahren und Aufgaben, teils spezielle, mehr oder minder definierte Vorgehensweisen in den Bereich der Sonderpädagogik einbezogen, an deren Stelle gesetzt oder mit dieser synonym gesehen (vgl. etwa BITTNER 1974). Jedenfalls lässt sich mit Fug und Recht von einer Inflation des Therapiebegriffs in der Sonderpädagogik sprechen.

Angesichts dieses Sachverhaltes stellt sich die Frage, ob hier lediglich eine Umetikettierung im Gange ist oder ob sich mit dem Vordringen des Therapiebegriffes zugleich eine u.U. weitreichende Veränderung sonderpädagogischer Positionen ankündigt. Will man den Unterschied zwischen Therapie und Sonderpädagogik ermitteln, so erweisen sich vorliegende Definitionen von Therapie aus dem medizinischen Bereich als wenig hilfreich: Wenn etwa SCHALDACH (1978, 1193) Therapie als „Gesamtheit der Behandlungsmassnahmen zur Heilung einer Krankheit" definiert und Krankheit als „Reaktionseigentümlichkeit des Organismus" (1978, 758), wäre Therapie auf eine Beeinflussung des Organismus festgelegt, was eine Reihe von psychiatrischen Verfahren aus dem Bereiche der Therapie ausschlösse, will man nicht von einem überholten Organismusbegriff ausgehen, der psychische und insbesondere geistige Bereiche einschloss.

Demgegenüber hält SOLAROVÁ (1971, 55) Therapie dort für notwendig, „wo eine Entwicklung infolge einer Störung vom Normalverlauf abweicht". Sie kommt zu dem Schluss, dass „lernintensive Therapieformen" und Erziehung „wesensgleich" seien, zumal es vor allem die Sonderpädagogik schwerpunktmässig mit Störungen zu tun hat. KOBI (1979, 77) setzt dagegen Therapie als „Zusätzliches", „Sporadisches" streng von der Erziehung ab, womit er allerdings unversehens zugleich eine Vielzahl spezieller pädagogischer Massnahmen zusätzlicher und sporadischer Art ausgrenzt.

Ebensowenig wie sich offenbar organische, lernpsychologische oder Kontinuitätskriterien für eine Unterscheidung zwischen Sonderpädagogik und Therapie eignen, lässt sich Therapie an der Ätiologie bestimmter Gegebenheiten im organischen Bereich festmachen, da sich für nahezu jede menschliche Besonderheit somatische Bedingungen oder Mitbedingungen aufweisen oder zumindest behaupten lassen. Auch Bemühungen unter graduellen Gesichtspunkten führen nicht weiter. Denn wer das Wort Therapie für schwierige Massnahmen in extremen menschlichen Situationen reklamiert, stösst verständlicherweise auf regen Widerspruch all derer, die sich z.B. um die pädagogische Förderung schwerst-geistigbehinderter oder taubstumm-blinder Menschen bemühen.

Will man nicht von einer willkürlichen Bestimmung dessen, was Therapie sein soll, ausgehen und nicht von einer naiven Idealbeschreibung, so wird man zu fragen haben, was denn nun Therapie in der

Realität für Kennzeichen trägt. Sie scheint in der Mehrzahl ihrer Ausformungen durch drei Hauptmerkmale bestimmbar zu sein, die handlungsleitende Funktion haben: Aufgabenspezialisierung, Rollenhierarchie und Normensicherheit (vgl. BACH 1980).

## 1. Aufgabenspezialisierung

Therapie zielt in der Regel auf bestimmte Krankheiten, Funktionsstörungen, Symptome, Teilleistungsschwächen usw. ab. Sie ist - häufig unter Absehung von sozialen und gesellschaftlichen Zusammenhängen - vorwiegend auf das Individuum konzentriert und interessiert sich für den Menschen vor allem unter dem Gesichtspunkt seines „Defekts". Insofern wird er unversehens zum „Fall" und damit zum „Objekt" der Bemühungen (vgl. KOBI 1979, 79; KUPFFER 1978, 170).

Die dadurch ermöglichte Aufgabenkonzentration erweist sich jedoch bei näherem Hinsehen als Aufgabenverengung, die der Komplexität vieler Problemlagen keineswegs gerecht zu werden vermag, so etwa, wenn ein Mensch mit vorliegenden Sprachstörungen mit blosser „Mundtechnik" bedacht wird und psychische Entstehungsbedingungen oder Auswirkungen seiner Störungen nicht hinreichend berücksichtigt werden. Ähnliches lässt sich über andere Therapieformen im Bereiche der Sonderpädagogik wie Beschäftigungstherapie, Verhaltenstherapie, Lese-Rechtschreibtherapie und ähnliche feststellen. Die Aufgabenverengung, die durch eine allzu behende Aufgabenspezialisierung erfolgt, vermag dem Anspruch auf wirksame Hilfe häufig nur unzureichend gerecht zu werden.

Darum ist es im Bereiche der Sonderpädagogik erforderlich, sich der Aufgabenkomplexität zu stellen, d.h. sich auf den ganzen Menschen, sein Ich, seine Bezugspersonen und seine Lebenswelt, ihre Möglichkeiten, Gefahren und Anforderungen einzulassen (vgl. Kap. 2.2).

Allerdings gilt es zu sehen, dass trotz grundsätzlicher Übereinstimmung bezüglich solcher Aufgabensicht auch in der Sonderpädagogik stets die Tendenz zu einer ausschnitthaften Konzentration besteht, sei es in der isolierten Betrachtung des behinderten Menschen, sei es in der Verfächerung des Unterrichts oder in elementenhafter Lernzielorientierung.

Der Aufgabenspezialisierung der Therapie entspricht ihre Methodenspezialisierung. Eine auf ein bestimmtes, am Individuum festzumachendes Symptom konzentrierte Therapie ist genötigt, dieses als Gegenstand der Bemühungen zu präzisieren, sich auf einen Ausschnitt zu konzentrieren, wobei dieser nicht selten gemäss der vorliegenden diagnostischen und therapeutischen Kompetenz zugeschnitten wird. So entsteht, herausgelöst aus oft bedeutsamen Zusammenhängen, nicht selten überhaupt erst ihr Gegenstand, den es in der Wirklichkeit zumindest in dieser Begrenztheit nicht gibt (vgl. KUPFFER 1978, 18, 34). So wird ein Verhalten unversehens zu einer Verhaltensweise, Flexibles wird fixiert und Methodenspezialisierung gerät zu Methodendominanz.

Demgegenüber erweist sich die in der Sonderpädagogik traditionell vorherrschende und oft als Last empfundene Methodenpluralität, die um der Offenhaltung von Prozessen willen Unschärfen der Diagnostik in Kauf nimmt, als angemessenere Verfahrensmaxime. Allerdings ist auch hier nicht zu übersehen, dass Tendenzen methodischer Spezialisierung und Einseitigkeit und klinikartiger Sterilität stets ihre Anhänger fanden und finden und dass darüber hinaus in der sonderpädagogischen Wirklichkeit mitunter methodische Diffusität als Methodenpluralität ausgegeben wird.

Angesichts der Notwendigkeit, im Bereiche der Sonderpädagogik von einer Aufgabenkomplexität und von einer Methodenpluralität auszugehen, erweist sich nun allerdings die begehrenswert erscheinende zeitliche Aufwanddefinition, wie sie im Bereich der Therapie vorherrscht, unerreichbar. Eine strenge zeitliche Umgangsbeschränkung, eine Konzentration auf Einzel- oder Kleinstgruppenförderung kommt einer Kommunikationsverarmung und einer Ausblendung wesentlicher Probleme gleich.

Sonderpädagogen müssen sich, um ihrer Aufgabe gerecht zu werden, als Menschen in wesentlich grösserem Umfange und in komplizierteren Situationen zur Verfügung stellen, als dies für Therapeuten die Regel ist. So sehr hierüber auch Einigkeit besteht, die Tendenz zu einer zeitlich und personell definierten, verrechenbaren Tätigkeit ist auch im Bereiche der Sonderpädagogik unübersehbar.

Insgesamt lässt sich das Therapiemerkmal der Aufgabenspezialisierung und die damit zusammenhängende Methodenspezialisierung als Ausdruck und Instrument allgemeiner gesellschaftlicher Verfremdung kennzeichnen. Je mehr der Mensch als Bündelung von Funktionen gesehen und genutzt wird, je mehr er verdinglicht wird, desto weniger kommt er als Person in den Blick. Die in der Therapie verbreitet stattfindende Aufgabenverengung und Methodendominanz im Umgang mit Menschen ist dazu angetan, derartige Auffassungen zu verstärken.

## 2. Rollenhierarchie

Therapie ist durch das Bezugsverhältnis zwischen Fachperson und Klient/in bzw. Patient/in geradezu definiert. Der Wissensvorsprung, das Bewusstsein bzw. die Unterstellung der Richtigkeit des Wissens und Handelns auf der einen Seite und die Hilfesuche und Abhängigkeit auf der anderen Seite konstituieren nahezu zwangsläufig ein hierarchisches Verhältnis. Dies wird nicht selten durch das Arrangement der Begegnung (weisse Kittel, Titel, distanzgebietender Schreibtisch, entmündigende Couch, imponierende Einrichtung und Instrumentarien, entsprechendes Auftreten) bewusst oder unbewusst verstärkt. Kennzeichnend für das damit entstehende Machtgefälle zwischen der Autorität des Experten und den in Kompetenzresignation befindlichen Klienten ist die gelegentlich zu hörende Formulierung, dass die Betreffenden dieser oder jener Therapie zu „unterwerfen" seien (vgl. hierzu NAGEL 1979, 28ff.).

Mit dieser Rollenverteilung ist das zentrale Problem vieler Therapien angesprochen: die Eigenaktivität der Klienten wird nicht angemessen entfaltet und eingebracht, ja selbst der Mitvollzug wird aufgrund verständlicher Selbstbehauptungstendenzen eingeschränkt oder vollends durch innere Widerstände blockiert. Die Sicherheit beanspruchter oder zugebilligter Autorität der Therapeuten erweist sich als entscheidendes Hindernis der Förderung. Dies gilt ebenso, wenn durch weitgehende Identifizierung mit den Therapeuten mangelnde Selbstfindung oder gar Selbstaufgabe bewirkt wird, Hörende zu Hörigen werden.

In der Pädagogik geht es demgegenüber zentral darum, dass in erster Linie nicht vom Experten, sondern von den zu Erziehenden etwas erwartet wird. (vgl. KOBI 1979, 79), dass im Erziehungsprozess Erfahrungen, Bedürfnisse und Einsprüche aufeinander abgestimmt werden, dass in Verantwortung einbezogen wird. Allerdings darf nicht übersehen werden, dass auch die Erziehungsrealität nicht selten eher durch problematische Rollenhierarchie (oder durch spannungslose Kameraderie) gekennzeichnet ist als durch partnerschaftliche Umgangsformen. Jedenfalls aber ist gegenüber allen Tendenzen in der Sonderpädagogik, durch Rollenhierarchie nach dem Therapiemodell zu vermeintlicher Statussicherung zu gelangen, besondere Aufmerksamkeit geboten, da eine Statussicherung auf diesem Wege letztlich einer Statusverformung gleichkommt.

Ähnliches gilt für die rührenden Bemühungen durch Konstruktion einer esotherischen Fachsprache auch im pädagogischen Bereiche oder durch Übernahme des Vokabulars bestimmter Therapieschulen Statussicherung zu erlangen.

Wenn es in der Erziehung um Selbstfindung und Selbstverwirklichung geht und wenn die Erfüllung dieser Aufgabe von der Mitwirkung der Bezugspersonen des näheren Umfeldes und der Einstellung der Gesellschaft in hohem Masse abhängt, müssen die pädagogisch wichtigen Aussagen für die zu Erziehenden ebenso wie für Aussenstehende verständlich sein.

Insofern Therapie nun durch Rollenhierarchie im geschilderten Sinne gekennzeichnet ist, stellt sie zugleich eine Widerspiegelung und Fortschreibung herrschender gesellschaftlicher Machtstrukturen dar. Durch die intensiv-repräsentative Erfahrung eines Machtverhältnisses im Rahmen der Therapie erfolgt zwangsläufig eine Ich-Schwächung, die Gewöhnung an Unterordnung, die Erziehung zu Widerstandsaufgabe. Dies ist eine Gefahr, die angesichts der prekären Lebenssituation gerade beeinträchtigter Menschen besonderer Aufmerksamkeit bedarf. Durch hierarchische Rollenverteilung im therapeutischen Verhältnis verstärkt sich der Eindruck der Unausweichlichkeit der gegebenen Machtstrukturen.

## 3. Normensicherheit

Therapie in ihren verschiedenen Ausformungen ist in der Regel durch geradezu erstaunliche Normensicherheit gekennzeichnet. Das „Gesunde", „Normale" scheint kaum einer besonderen Reflexion bedürftig. Allenfalls begnügt man sich mit recht kurz gefassten „Philosophien". So wird zumeist das „Wünschenswerte" als Norm gesetzt, ohne dass die Frage „wünschenswert - für wen?" gestellt würde.

Die bei diesem Reflexionsstand unbewusst wirksamen Normen vieler Therapien bedürften doch wohl einer kritischen Analyse. Zumindest lässt sich aber feststellen, dass Therapie überwiegend „reparativ" (KOBI 1979, 93) orientiert ist - und dass sie, gemäss ihrer Fixierung auf eine als gegeben aufgefasste Norm Innovatives, Kreatives und vor allem Kritisches eher als Störendes denn als Zielvorgabe anzusehen geneigt ist. So erweist sich die für manchen attraktive Normensicherheit der Therapie eher als fragwürdige Normenhörigkeit.

Demgegenüber gehört die Normenreflexion seit je zum Zentrum des Selbstverständnisses der Pädagogik. Sie lässt sich auf die Zielfrage bezüglich ihres Tuns ein, auch wenn sie dabei vermeintliche Sicherheiten antasten oder aufgeben muss. Das Ringen um die Zielfrage als unaufhörlicher Prozess ist geradezu ein Kennzeichen der Pädagogik gegenüber der Normensicherheit der Therapie. Sie quält sich um den Ausgleich zwischen den Bedürfnissen der zu Erziehenden und ihrem Bedarf angesichts ihrer gegenwärtigen und künftigen Selbstverwirklichung und sozialen Eingliederung und bemüht sich zunehmend um die Beteiligung der Angesprochenen an diesen Überlegungen.

Im Unterschied zur Therapie kann sich die Sonderpädagogik nicht mit blosser Heilung eines Defekts zufriedengeben. Sie muss darüber hinaus die Lebensaufgabe, das „Wozu" zentral im Blickfeld behalten (vgl. KOBI 1979, 78f.). Sie darf nicht blosse „Normalisierung" anstreben, vielmehr muss sie sich, um ihrer Aufgabe gerecht zu werden, mit Sollensnormen befassen.

Allerdings kann nicht übersehen werden, dass die Pädagogik einschliesslich der Sonderpädagogik in der Realität zeitweilig oder regional hinter diesem Anspruch zurückbleibt, sich von „Normalisierungsprinzipien" verführen lässt oder nach offiziell verordneten Leit-, Richt-, Grob- und Teilzielen schielt. Die Gefahr derartiger Tendenzen nach unreflektierter Normengeborgenheit wird gegenwärtig im Bereiche der Sonderpädagogik durch die Zuwendung zu sich normensicher gebenden Therapien in aufmerksamkeitserforderndem Masse verstärkt.

Unter gesellschaftlichem Aspekt erweist sich die Therapie hinsichtlich ihrer Normensicherheit als Empfangsagentur und Instrumentarium vorherrschender Normen. Sie übernimmt vorwiegend unbesehen das für gültig Gehaltene, begnügt sich mit solcher Aussengelenktheit, identifiziert sich mit dem von aussen Gewünschten und stilisiert es zu Wünschenswertem an sich. Damit macht sie sich zum Instrument der Massgebenden, ohne sich am Ringen um Normen zu beteiligen. Insofern trägt sie zu ihrem Teil zu einer Stabilisierung des Unbefragten bei, zu einer Konservierung und Statifizierung von herrschenden Vorstellungen und Gegebenheiten.

Zusammenfassend lässt sich feststellen, dass die Sonderpädagogik von einer Öffnung gegenüber der Therapie oder gar von ihrer Umarmung keine positiven Impulse erwarten kann. Sie sollte daher auch die unüberlegte Benennung ihrer Massnahmen als „Therapie" vermeiden; die Gefahr einer Weichenstellung gemäss den Ansätzen, der Struktur und den Zielvorstellungen von Therapie ist nicht zu unterschätzen. Wörter haben ihr Gewicht. Dies gilt auch bezüglich ihres berufspolitischen Einflusses. Indem z.B. Lernen als „Lerntherapie" (PECHSTEIN 1975, 30 ff.) zu ärztlich verordneter Handlung wird und Sonderpädagogen bzw. Sonderpädagoginnen zum medizinischen Hilfspersonal, verringert sich die Aussicht, pädagogische Aspekte gebührend einzubringen.

In verschiedener Hinsicht also könnte sich Therapie in der Sonderpädagogik als trojanisches Pferd erweisen, das die entscheidenden Prinzipien der Sonderpädagogik, die Aufgabenkomplexität, das kommunikative Handeln und die Zielreflexion verdrängt und damit Pädagogik zum Erliegen bringt. Die Wirklichkeit gegenwärtiger Therapien kann der Sonderpädagogik geradezu als Spiegel dienen, in dem die ansatzweise stets vorhandenen Gefahren mit Deutlichkeit sichtbar sind, ebenso wie allerdings auch die positiven Impulse personenbezogenen, methodisierten, zielgerichteten Förderns.

Es ist jedoch dreierlei zu betonen: zum ersten, dass es auch einzelne Therapieformen gibt, die den sonderpädagogischen Prinzipien sehr nahe kommen und in der Tat eine Unterscheidung zwischen beiden Bereichen kaum angezeigt erscheinen lassen, zum zweiten, dass im Bereiche der Therapie zunehmend eine Entwicklung in Richtung auf pädagogische Prinzipien hin erfolgen könnte und damit eine Unterscheidung überflüssig würde, und zum dritten, dass es auch im Bereiche der Sonderpädagogik gelegentlich partieller Massnahmen bedarf, die eine Aufgabenspezialisierung, eine bestimmte Rollenzuweisung und eine definierte Zielbestimmung erlauben.

Letztlich werden Therapie und Sonderpädagogik daran zu messen sein, welche Auffassung vom Menschen, von mitmenschlichem Umgang und von anzustrebenden Zielen sie in Theorie und Praxis verwirklichen angesichts vorliegender Lebensnöte.

## 4.13 Kooperation

Sofern man Beeinträchtigungen nicht in traditioneller Weise als individuale Eigenschaften ansieht, sondern als Balancemangel von individualer Disposition und Anforderungen angesichts vorliegender Handlungsbedingungen, kommen als Handlungsrichtungen der Sonderpädagogik stets diese drei in Betracht: individuale Disposition, Umfeldanforderungen und Umfeldbedingungen bzw. deren Regelabweichungen.

Weder bezüglich der Diagnose noch hinsichtlich der Förderung sind also auf das Individuum begrenzte Aktivitäten prinzipiell als hinreichend anzusehen.

Damit erweist sich in vielen Fällen ein Kooperationserfordernis z.B. zwischen pädagogischem und sozialem Bereich als unerlässlich. Aber bereits hinsichtlich vorliegender Schäden der individualen Disposition ergibt sich die Notwendigkeit der intra- und interdisziplinären Kooperation, wenn man den Zusammenhang zwischen kognitiven, emotionalen und somatischen Gegebenheiten ins Auge fasst. So kann bei Beeinträchtigung eines Bereichs die Beteiligung der anderen Bereiche (im Sinne einer wechselseitigen Beeinflussung und nicht nur der blossen Summierung) die Kooperation zwischen den Fachkräften z.B. für Lernbehinderungen und denen für Sprach- und Verhaltensprobleme erforderlich machen und ebenso die Kooperation mit verschiedenen ärztlichen Fachrichtungen. Jedenfalls können kaum befriedigende Erfolge pädagogischer Bemühungen z.B. bei emotionalen oder kognitiven Beeinträchtigungen erwartet werden, wenn nicht zugleich u.a. auch Befindlichkeit und gesundheitliche Verfassung der Betroffenen mit ins Auge gefasst werden.

Eine auf bestimmte „Defekte", „Teilleistungsschwächen" konzentrierte Sicht- und Handlungsweise übersieht nicht nur Befindlichkeiten, Bedürfnisse, Vorstellungen und Ängste des betroffenen Menschen und deren positive und negative Auswirkungsmöglichkeiten auf den ins Auge gefassten Bereich, sondern auch anderweitige Schäden und Assistenzbedürfnisse. So etwa, wenn ein Stammelfehler isoliert als Artikulationsproblem gesehen und angegangen wird und der Rahmen kognitiver und emotionaler Entwicklungsverzögerungen ebenso wie soziale Bedrängnisse und somatische Retardierungen ausser Acht gelassen werden.

Kooperation als sonderpädagogische Handlungsform umfasst im wesentlichen vier Hauptrichtungen:
- die *intradisziplinäre Kooperation*, die durch Zusammenarbeit mit Vertretern anderer sonderpädagogischer Fachrichtungen (z.B. Sprachbehindertenpädagogik, Lernbehindertenpädagogik, Körper-

behindertenpädagogik) gekennzeichnet ist oder mit Vertretern und Vertreterinnen derselben Fachrichtung, die jedoch auf bestimmten Spezialgebieten (z.B. in bestimmten Verfahren, Techniken usw.) besondere Kompetenz besitzen,
- die *interdisziplinäre Kooperation*, die sich auf das Zusammenwirken von Fachkräften verschiedener Disziplinen erstreckt so z.b. aus den Gebieten der Sonderpädagogik, der Medizin, der Sozialarbeit, der Psychologie usw. (vgl. hierzu PAESLACK 1975; SCHLEE 1982),
- die *Kooperation mit den Betroffenen* selbst, die im Prozess der Hilfeleistung nicht blosses „Objekt", sondern „Subjekt", „ja sogar dessen wichtigstes Glied" sind und sein müssen (PAESLACK 1975, 34), also nicht „Gegenstand" oder blosser „Adressat", dem bestimmte Massnahmen zu „applizieren" wären,
- die *Kooperation mit* Angehörigen und *dem Umfeld,* ebenso wegen deren spezieller Kenntnisse wie wegen der oft entscheidenden Möglichkeiten besonderer Mitwirkung.

Um eine Kooperation bei der Förderung von beeinträchtigten Menschen zu realisieren, bedarf es einer Grundvoraussetzung. Sie betrifft die Gemeinsamkeit des Zieles der Förderung für die in Frage kommenden Disziplinen (vgl. hierzu SCHLEE 1982).

Die Aufgabe der Kooperation erstreckt sich auf folgende Bereiche:
- *mehrdimensionale Diagnostik*, welche die somatische, emotionale und kognitive ebenso wie die soziale Situation umfasst (also auch Umfelddiagnostik einschliesst),
- *polyätiologische* (verschiedene mögliche Ursachen berücksichtigende) *Sicht der Entstehung* der jeweiligen Situation des Menschen, die sowohl von einem Bedingungsgeflecht (also nicht monokausal, d.h. von einer einzelnen Ursache) als auch von dem Prozesscharakter der Interaktion zwischen Individuum und sozialen Faktoren ausgeht,
- *Pluralität*, d.h. Vielfalt *erforderlicher Massnahmen*, die den verschiedenen Bedarfslagen im somatischen, emotionalen, kognitiven

und sozialen Bereich entspricht und dies mit unterschiedlichen individuellen Schwerpunkten - und schliesslich
- *Prognostik*, die unter Verzicht auf Urteile über „grundsätzlich festliegende Grenzen", über „Unmöglichkeiten" sachgerechter durch einen besonnenen Optimismus hinsichtlich der nächstliegenden Ziele zu akzentuieren wäre.

In der Praxis findet sich mitunter eine blosse Laufzettelkooperation, indem jede Disziplin und Teildisziplin ihre Befunde und Vorschläge aufnotiert und den Fragestellenden übermittelt.

Auf diese Weise kann weder die Verschränkung der verschiedenen Einflüsse im Entstehungsprozess noch der Stellenwert der jeweiligen Befunde und Vorschläge im Gesamtzusammenhang hinreichend aufgeklärt werden. Es kommt unversehens zu einer blossen Summierung von Daten und zu einer unzureichend auf Schwerpunkt- und Reihenfolgeerfordernisse abgestimmten Förderung. Vor allem aber entbindet eine derartige additive Interdisziplinarität nur zu leicht von wirklicher Verantwortung für einen in seiner Ganzheit bedrängten Menschen (vgl. hierzu SCHLEE 1982, 236).Daher bedarf es des Gesprächs und oft des wiederholten Gesprächs zwischen den verschiedenen Disziplinen, bei dem die unterschiedlichen Gesichtspunkte erläutert und abgewogen werden.

In der Praxis lässt sich häufig eine Faszination von bestimmten „Defekten" feststellen, so etwa, wenn bei bestimmten Sprachbeeinträchtigungen lediglich die „Artikulationswerkzeuge" für therapiebedürftig gehalten und psychische Entstehungsbebedingungen sowie soziale Reaktionen übersehen werden oder wenn bestimmte soziale Anpassungsleistungen angestrebt werden, ohne dass die Problematik solcher Zielsetzung bedacht wird.

Daher ist es erforderlich, dass jede Berufsgruppe sich auf anderweitige Gesichtspunkte einlässt. Das bedeutet, dass jeder aus seinem speziellen fachlichen Denksystem heraustritt, sich aufschliesst für weitere Aspekte, seinen Fachhorizont überschreitet, sich in die Sichtweise anderer Disziplinen versetzt und dementsprechend seinem fachlichen Beitrag einen relativen Stellenwert durch Einordnung in einen übergeordneten Zusammenhang zuweist.

Solche Aufgeschlossenheit hat zur Voraussetzung, dass die verschiedenen Disziplinen bestimmte Grundinformationen über die Fragestellungen, Sichtweisen, Fachbegriffe, Angebote, Verfahren und Einrichtungen in Frage kommender anderer Disziplinen besitzen, um sie überhaupt in Betracht ziehen und sie dem jeweiligen Klientel eröffnen zu können.

Damit ergibt sich eine wichtige Aufgabe der Aus- und Fortbildung im Rahmen der einzelnen Disziplinen. So wie üblicherweise medizinische und soziologische Veranstaltungen im Rahmen des sonderpädagogischen Studiums angeboten werden, sind z.B. auch sonderpädagogische, soziologische und andere Veranstaltungen in den Studien- und Ausbildungsgängen anderer Disziplinen erforderlich.

Interdisziplinäre Aufgeschlossenheit mündet allerdings in ein wenig hilfreiches unspezifisches Alltagswissen „des gesunden Menschenverstandes", wenn spezielle „Eigenheiten und Leistungsfähigkeiten der einzelnen Ansätze aufgegeben" werden (SCHLEE 1982, 235) und zur Sichtweise der anderen Disziplin unkritisch übergelaufen oder diese oberflächlich vereinnahmt wird. Als Beispiel mag hier die „ärztliche Pädagogik" dienen(vgl. hierzu etwa HELLBRÜGGE 1977, 12ff.).

Um bedenkliche Dilettantismen durch Überschreitungen der eigenen Sachkompetenz zu vermeiden, ist daher die schwerpunktmässige Konzentration auf die eigene Disziplin eine wichtige Bedingung fruchtbarer Interdisziplinarität. Der Vorteil einer solchen Konzentration einer Disziplin auf ihre fachspezifischen Aspekte ist vor allem darin zu sehen, dass sie auf diese Weise insbesondere das, was sie wirklich beherrscht, auch leisten und damit qualifizierte Beiträge im Zusammenwirken mit anderen Disziplinen erbringen kann. (vgl. hierzu Kap. 2.9.4, Abb. 8)

Die Qualität der Kooperation ist weitgehend von dem Bezugsverhältnis abhängig, das zwischen den Vertretern und Vertreterinnen der verschiedenen Disziplinen besteht.

Nun finden sich in der Praxis verbreitet Vorstellungen und Ansprüche, welche die Interaktion im Sinne eines hierarchischen, d.h. rangmässig gestuften Herrschafts- und Machtverhältnisses sehen.

Die Nachteile einer hierarchisch akzentuierten Kooperation liegen im Vorherrschen des Aspekts, den die jeweilige Spitze (gemäss ihrem Ausbildungs-, Erfahrungs- und Interessenhorizont) vertritt und damit zu einer Verhinderung differenzierterer Betrachtungsweisen und einer sachgemässen Gewichtung anderer Aspekte beiträgt. Die wechselseitige Anregung und die Entwicklung originärer Beiträge der anderen Disziplinen kommen zu kurz. Daher ist es erforderlich, auf die grundsätzliche Schlüsselstellung einer bestimmten Disziplin zu verzichten. „Zusammenarbeit setzt Ebenbürtigkeit der Partner voraus" (MAIER 1975, 162).

Neben dem gegenseitigen Respekt vor den Vertretern und Vertreterinnen anderer Disziplinen geht es um das Zuhörenkönnen, das Fragen nach anderweitigen Sichtweisen und Förderungsmöglichkeiten, um das gemeinsame Einordnen der verschiedenen Beiträge und um entsprechende Gemeinsamkeit bei der Planung der erforderlichen Fördermassnahmen, d.h. um ein Sich-miteinander-beraten, statt um Beratung durch abgehobene Beratende.

Es geht nicht um die grundsätzliche, sondern um die jeweilige Führung und entsprechende Verantwortung gemäss der vorliegenden Situation und der entsprechenden fachlichen Schwerpunkterfordernisse.

Im Rahmen partnerschaftlicher Kooperation ist die Chance am grössten, dass der beeinträchtigte Mensch als Person in seiner Ganzheit im Zentrum der Aufmerksamkeit steht - und nicht bestimmte Aspekte einzelner Disziplinen.

Kooperation ist schliesslich eine Frage der zur Verfügung zu stellenden Zeit, die in der Praxis nicht selten zu sehr unter dem Gesichtspunkt der Verrechnungsfähigkeit von Arbeitszeiteinheiten gesehen wird.

Alle Einsicht in die Notwendigkeit der Kooperation nutzt wenig, wenn die verschiedenen, jeweils in Frage kommenden Disziplinen in den unterschiedlichen Förderungsphasen nicht in der Alltagspraxis genügend Zeit einzuräumen bereit sind. Dies lässt sich erfahrungsgemäss am ehesten erwarten, wenn bestimmte Organisationsformen - etwa regelmässige Besprechungen zu bestimmten Terminen - festgelegt werden, die durch zwischenzeitliche Informationen und Rückfragen zu ergänzen sind.

Der Beitrag, den Vertreter und Vertreterinnen wissenschaftlicher und praktischer Disziplinen zur Förderung von beeinträchtigten Menschen zu leisten vermögen, ist begrenzt. Bestimmte Aspekte bleiben ihnen als Aussenstehenden zwangsläufig mehr oder minder verborgen. Daher bedarf die Interdisziplinarität der Ergänzung durch Personen, die nicht eigentlich Angehörige fachlicher Disziplinen sind. Dabei handelt es sich einerseits um Laien (namentlich um Angehörige) und zum anderen um den beeinträchtigten Menschen selbst.

Diese Personenkreise gilt es ggf., partnerschaftlich in die Interdisziplinarität einzubeziehen und sie nicht grundsätzlich als blosse „Laien" oder als „Hilfstherapeuten" zu sehen. Laien haben mitunter gerade als Nichtfachleute und als Nicht-Betriebsblinde, als Kenner bestimmter konkreter Lebensfelder der Betroffenen die Fähigkeit zur Wahrnehmung wichtiger Details, zu unbefangener Kritik und zu hilfreich-unkonventionellen Förderungsvorschlägen.

Schliesslich gilt es zu sehen, dass Betroffene selbst ihre Bedürfnisse, Wünsche und Möglichkeiten zu verdeutlichen und damit entscheidende Hinweise für die Förderungsüberlegungen zu geben vermögen. Werden Betroffene nicht in diesem Sinne als Fachleute für sich selbst ernstgenommen und immer wieder partnerschaftlich in die Interdisziplinarität einbezogen, bleibt ihre spezielle Qualifikation für den Förderungsprozess ungenutzt und wird in Formen des Widerstandes gegen „verordnete" Massnahmen, denen sie „unterworfen" werden, abgedrängt.

In Faszination von Methoden, Massnahmen, Medikamenten, Apparaten, Beihilfen usw. wird Förderung häufig als etwas Machbares gesehen: Der beeinträchtigte Mensch gerät dadurch als blosser „Fall" in eine passive Rolle, was seine Förderung beeinträchtigt, wenn nicht gar verhindert. Statt dessen ist zu bedenken, dass er im Prozess der Interdisziplinarität nicht blosses „Objekt", sondern „Subjekt" ist. Aus den genannten Gründen erweist es sich als erforderlich, Interdisziplinarität immer wieder durch partnerschaftliche Einbeziehung von „Laien" und Betroffenen selbst zu erweitern.

Das sich im Hinblick auf diesen Sachverhalt anbahnende Umdenken führt zwangsläufig zu einer Relativierung beruflicher Qualifikationsauffassungen, indem ihre Assistenzfunktion deutlich wird und die Bedürfnisse, Hoffnungen, Impulse der Betroffenen den ihnen zukommenden Rang erhalten. Dies gilt grundsätzlich wie für die Zielstellung auch für die Wahl der Handlungsformen. Hier wie dort geht es darum, die Vorzüge des Dialogs zu nutzen.

# 5. Besondere Organisationsformen der Sonderpädagogik

## 5.1 Differenzierungserfordernis

Ebensowenig wie sich aus bestimmten Problemlagen zwangsläufig bestimmte Zielstellungen und aus bestimmten Zielstellungen zwangsläufig bestimmte Handlungsformen ergeben, sind bestimmte Organisationsformen zwangsläufig aus bestimmten Zielen und Handlungsformen abzuleiten. Derartiges wird allerdings nicht selten suggeriert, wie etwa der Besuch einer Sonderschule bei bestimmten Lernproblemen oder die Aufnahme in eine Werkstatt für Behinderte bei schweren Beeinträchtigungen oder die Einweisung eines beeinträchtigten Menschen in ein Behindertenwohnheim bei Erreichen einer bestimmten Altersstufe.

Vielmehr geht es um differenzierte organisatorische Entscheidungen angesichts der jeweiligen Problemlage, der Zielstellungen und der angezeigten Handlungsformen unter Berücksichtigung der jeweiligen örtlichen Gegebenheiten.

*Sonderpädagogik ist von ihrer Fragestellung her geradezu durch ihre Differenzierungsintentionen definiert, während Nivellierungen bei Vorliegen differenzierter Probleme humanen Standards nicht entsprechen.*

So vermögen Alles-oder-nichts-Positionen (etwa nur die Alternative von Spezialeinrichtungen oder überhaupt keiner Förderung) den differentiellen Problem- und Bedarfslagen ebensowenig zu entsprechen wie nivellierende Ziel- und Methodenentscheidungen (etwa totale Integration für alle durchgängig in allen Bereichen).

Zunächst gilt es, im Auge zu behalten, dass nicht in jedem Falle besondere Organisationsformen im Sinne besonderer Institutionen erforderlich sind, da sich viele Aufgaben durchaus in Regelinstitutionen realisieren lassen, so etwa vieles an Förderung beeinträchtigter Kinder in Kindergarten und Schule im Rahmen der täglichen Arbeit und der bestehenden Gruppen durch Differenzierung innerhalb der Gruppen oder durch Individualisierung.

Erst wenn die vorliegenden Probleme diesen Rahmen überschreiten, können besondere Organisationsformen erforderlich werden.

Als erstes lässt sich in organisatorischer Hinsicht der häufig bestehende *vermehrte Zeitbedarf* hervorheben - etwa angesichts umfänglicher Nachholerfordernisse von Versäumtem (z.B. Erkenntnisse, Fertigkeiten, Sprachkompetenzen) oder hinsichtlich verlangsamter Lernprozesse, die z.B. ganztägige schulische Angebote und verlängerte Schulbesuchsdauer nahelegen.

Allerdings wird die zunehmend verbreitete Gleichsetzung von Förderbedarf etwa mit Förderstunden dem Problem keineswegs gerecht, da es sich nur z.T. um eine quantitative Bedarfslage handelt. Vielmehr sind die entscheidenden Gesichtspunkte qualitativer Art:

So kann intensive Beratung mit Angehörigen bezüglich der *Korrekturen von Anforderungen* und Erwartungen oder das Bemühen um eine *Reduzierung von Benachteiligungen der Verhaltensbedingungen* besondere organisatorische Schwerpunktsetzungen erfordern.

Neben den Zielsetzungen können ferner bestimmte *Besonderheiten der individualen Disposition* von erheblicher organisatorischer Relevanz sein: so etwa bei schwerster geistiger Behinderung die Berücksichtigung wesentlich verstärkter Pausen- und Ruhezeiten oder bei emotional oder sozial geschädigten Personen z.T. durchgängige didaktische Umstellungen oder die Einrichtung besonderer Kurse etwa zur Hörschulung.

Angesichts des Zieles der Anbahnung fundamentaler emotionaler Beziehungsfähigkeit bedarf es mitunter eines besonderen Raumes und dem Dispens von der grossen Gruppe bzw. Klasse.

Jedenfalls verbieten sich angesichts der gezielten differenzierten Problemlagen nivellierende Organisationsformen. Vielmehr bedarf es im Hinblick auf die Differenziertheit der Probleme einer angemessenen Differenziertheit der Organisationsformen im Rahmen der unterschiedlichen lebensalterbezogenen Einrichtungen. Es sind also insbesondere die Faktoren besonderer Zeitaufwand, besondere Zielstellung, besondere individuale Gegebenheiten, besondere Didaktik einschliesslich sachlicher Ausstattung, die u.U. besondere Organisationsformen erforderlich machen.

## 5.2 Besondere Organisationsformen

Gemäss dem Umfang wie der Eigenart der verschiedenen Beeinträchtigungen und der zusätzlich zu berücksichtigenden individualen, sozialen und institutionellen Gegebenheiten haben sich besondere Organisationsformen herausgebildet (vgl. hierzu BACH 1971).

Im wesentlichen handelt es sich dabei um folgende Formen:

1. Differenzierung der Erziehungsarbeit
   (bzw. des Unterrichts) klassen- bzw. gruppenintern nach Zielen und Methoden im Hinblick auf vorliegende Probleme.

2. Individualisierung der Erziehungsarbeit
   im Sinne der beiläufigen Förderung von Einzelnen im Klassen- bzw. Gruppenrahmen im möglichen zeitlichen Umfang.

3. Förderstunden
   im Klassen- bzw. Gruppenrahmen zur zusätzlichen Förderung bei bestimmten Störungen in kleinen Gruppen mit flexibler Zusammensetzung (Rechengruppen, Lesegruppen, Schreibgruppen, Ablesegruppen usw.)

4. Förderkurse
   Rechenkurse, Sprachheilkurse, Lese-Rechtschreibkurse, Schreibkurse, Turnkurse, Spielkurse usw. klassen- bzw. gruppen- oder auch schulübergreifend bzw. im Rahmen der Erwachsenenbildung usw. in einer oder mehreren zusätzlichen Wochenstunden über mehrere Monate.

5. Niveaukurse
   als klassenübergreifende Einrichtungen in einzelnen Fächern (besonders im Rechnen und Rechtschreiben), in denen alle Schüler/Schülerinnen einer bestimmten Leistungsstufe unabhängig von ihrer Klassenzugehörigkeit gemeinsam unterrichtet werden.

6. Einzelförderung
   Hausfrüherziehung, Hausunterricht, Einzelunterricht, Nachhilfeunterricht, Kindertherapie usw. zusätzlich ausserhalb des Klassen- bzw. Gruppenrahmens.

7. Klassenwiederholung
   bei Versagen in mehreren Fächern, sofern zu erwarten ist, dass durch diese Massnahme eine optimale Förderung erreicht wird. Auf die beträchtlichen Nachteile (insbesondere der Diskriminierung) dieser Form ist allerdings hinzuweisen.

8. Förderklassen
   bzw. Fördergruppen, auf grössere Zeitabschnitte orientierte Institutionen mit geringen Frequenzen, speziellen Zielen, besonderen Fachkräften, jedoch nicht ausschliesslich auf den Bereich der vorliegenden Beeinträchtigung konzentriert. Auch hier ist die Gefahr der Isolierung und Diskriminierung zu beachten.

9. Förderheim
   Sprachheilheim, Psychotherapieheim, verhaltenstherapeutisch arbeitendes Heim usw. zur Behebung bzw. Besserung von Beeinträchtigungen in einem auf einige Wochen oder Monate begrenzten Zeitraum, sofern vorübergehender Milieuwechsel angeraten ist oder wegen besonderer geographischer Verhältnisse keine andere Fördermöglichkeit dieses fachlichen oder zeitlichen Umfanges besteht.

10. Funktionale Erziehungsberatung
    als einrichtungsinterne, z.B. als schulische Erziehungsberatung.

11. Institutionelle Erziehungsberatung
    als besondere Einrichtung in der Form z.B. des Schulpsychologischen Dienstes, einer Frühförderstelle oder als Erziehungsbera-

tungsstelle des Jugendamtes, eines Psychotherapeutischen Instituts oder anderer Träger.

12. Sonderpädagogische Beratung
   als Beratungsstelle für Seh- oder Hörbeeinträchtigte usw. sowie für deren Angehörige und Fachkräfte, teils auch als mobile Beratungsstelle mit bestimmten Sprechzeiten an bestimmten Orten.

13. Sonderschule
   mit dem Schwerpunkt der Förderung bei bestimmten Schäden der individualen Disposition (u.U. bei geistiger Behinderung, Gehörlosigkeit, Blindheit) oder komplexer aufgefassten Beeinträchtigungen.

14. Förderzentren
   Als selbständige oder einer Sonderschule zugeordnete Einrichtungen, die (u.U. neben der Funktion einer Sonderschule (vgl. 13)) integrierte Förderung in Regelschulen organisieren, beraten und ggf. auch darüber hinaus als sonderpädagogische Beratungsstellen (vgl. 12) tätig sind.

Um dem akuten Bedarf an Förderung gerecht zu werden, genügen nicht „einige Massnahmen" der geschilderten Art. Es ist vielmehr ein differenziertes Netz an Organisationsformen erforderlich.

Von besonderer Bedeutung ist es, dass die Aufgabe nicht auf den schulischen Bereich beschränkt gesehen wird. Sie ist im vor-, neben- und nachschulischen Bereich von nicht geringerer Wichtigkeit. So sollten z.B. Differenzierungen der Arbeit, individuelle Förderung, Förderstunden, Förderkurse usw. ebenso im Kindergarten wie im Heim ermöglicht und ebenso wie Einzelförderung oder Förderkurse keineswegs nur bestimmten Altersgruppen oder gar Schulproblemen vorbehalten bleiben.

Eine Sonderstellung nehmen die Massnahmen der Beratung (10-12) von Eltern, anderen Angehörigen, Lehrkräften, anderen Fachleuten ein, da sie gelegentlich als zentrale sonderpädagogische Bemühung in Frage kommen, in jedem Falle jedoch mit diagnostischer Akzentuierung als erste Unternehmung erforderlich sind, um das jeweils Erforderliche abzuklären, und darüber hinaus in vielen Fällen als zusätzliche Aufgabe zur Unterstützung anderweitiger sonderpädagogischer Bemühungen unerlässlich sind. (vgl. Kap. 4.8)

Das System der besonderen Einrichtungen bedarf der *Durchlässigkeit*, da sich Art und Umfang der Beeinträchtigung erst im Rahmen der Förderung hinreichend abklären lassen und da sich durch die angesetzten Massnahmen Veränderungen ergeben, die andere organisatorische Formen erfordern. Dies weist zugleich auf die Notwendigkeit einer Begleitdiagnostik hin. (vgl. Kap. 4.1)

Wenn auch Art und Schweregrad vorliegender Beeinträchtigung ausschlaggebend für die Zuordnung zu entsprechenden Organisationsformen sind, bedarf es doch weiterer Kriterien: so der Fachkompetenz der Einrichtungen, der örtlichen Gegebenheiten wie der sächlichen und der personalen Ausstattung der vorhandenen Einrichtungen, der Wege bzw. Beförderungsgegebenheiten, der Einstellung der Beteiligten zu anstehenden Aufgaben sowie der gesellschaftlichen Vorgaben hierzu.

Nicht zuletzt aber ist jede Organisationsform problematisch, wenn sie von Fachleuten oder Angehörigen verordnet oder gar als Auflage „verhängt" wird, ohne dass *Wahl, Mitsprache, Mitentscheidung der Betroffenen* den ihnen gebührenden Rang haben.

Es ist noch zu wenig damit gewonnen, wenn die herrschaftliche Entscheidungs- und Zuweisungskompetenz des Staates durch die Mitsprache der Eltern bzw. Angehörigen gemildert wird, ohne dass die Bedürfnisse der letztlich Betroffenen hinreichend gehört und ernstgenommen werden.

Gemäss dem Umfang, der Schwere und Art der jeweils vorliegenden Beeinträchtigungen sind auch unterschiedliche Fachkräfte für die jeweiligen fördererzieherischen Organisationsformen erforderlich.

Nur für einen begrenzten Teil dieser Aufgaben bringen der Erzieher/die Erzieherin (Kindergärtnerin, Studienrat/Studienrätin, Grund- und Hauptschullehrer/-lehrerin, Heimerzieher/Heimerzieherin usw.) von ihrer Regelausbildung her die erforderlichen Voraussetzungen mit. Angesichts der Häufigkeit der Probleme sollten sie jedoch im

Rahmen ihrer Ausbildung mit bestimmten sonderpädagogischen Gesichtspunkten vertraut gemacht werden (vgl. hierzu DEUTSCHER BILDUNGSRAT 1973, 128f.), nicht nur, um Fehler zu vermeiden, sondern um gewissermassen „Erste Hilfe" leisten und unter Anleitung bestimmte Massnahmen der Fördererziehung selber durchführen zu können. Hier könnte man von indirekter sonderpädagogischer Förderung sprechen (vgl. BACH, PFIRRMANN 1994, 69).

In gewissem Masse lässt sich die Mitarbeit ohne spezielle Ausbildung, etwa durch längerfristige Zusammenarbeit mit Sonderpädagoginnen und Sonderpädagogen, durch besondere Kurse für entsprechend aufgeschlossene Erzieher/Erzieherinnen erweitern, so etwa durch Lehrgänge zur Lese-Rechtschreibschwäche, zum Schulsonderturnen, zur Elternberatung bei bestimmten Verhaltensstörungen usw.

Für die diagnostischen Belange, bei einer Vielzahl differenzierter Störungen sowie bei schwierigen Sachlagen bedarf es jedoch sonderpädagogisch vorgebildeter Fachkräfte im Bereich der Fördererziehung. Hierzu sind vor allem Sonderschullehrer/Sonderschullehrerinnen und Diplompädagogen/Diplompädagoginnen zu zählen.

Unzureichend ist eine Integrationsklasse ebenso wie eine Sonderschulklasse, wenn sie hinsichtlich beeinträchtigter Kinder nicht mehr anbietet als eine „Minuspädagogik", d.h. einen Unterricht z.B. für ein körperbehindertes Kind, der lediglich durch den Fortfall des Werkens, der Pausen, des Wandertages oder des Sportunterrichts gekennzeichnet ist. Das ist umso bedenklicher, als doch gerade für hand- oder gehbehinderte Kinder zur Erschliessung der Welt eine besonders intensive Förderung der beeinträchtigten Bereiche unerlässlich ist. Ähnliches gilt für geistig-, seh-, hör-, oder anderweitig beeinträchtigte Kinder. Ihre Erziehung bedarf besonderer Kenntnisse, Konzepte und Kompetenzen sowie besonderer organisatorischer und ausstattungsmässiger Gegebenheiten.

Grundsätzlich gilt für jede der sonderpädagogischen Organisationsformen, dass sie nur insofern eine Berechtigung haben, als sie angemessene Konzepte und Kompetenzen besitzen, den Zweck zu erfüllen, um dessentwillen sie eingerichtet sind.

## 5.3 Spezielle Einrichtungen

### 5.3.1 Sonderpädagogische Beratungsstellen

Der Erziehung beeinträchtigter Kinder in den ersten Wochen, Monaten und Jahren kommt wegen der Plastizität während dieses Lebensalters und wegen der Gefahr der Fixierung von unzweckmässigen Verhaltensweisen besondere Bedeutung zu.

*Sonderpädagogische Frühberatungsstellen* für Probleme bis zum 3. Lebensjahr haben im wesentlichen folgende Aufgaben:
- Pädagogisch-psychologische Frühdiagnostik bei beeinträchtigten und bei sogenannten Risikokindern,
- Vorbeugung,
- Beratung der Eltern bzw. Angehörigen über die Gesamtsituation des betroffenen Kindes (vgl. auch Kap. 4.8),
- Einweisung der Eltern in die erforderlichen Aufgaben und Methoden der Früherziehung,
- praktische Anleitung der Eltern für die Hausfrüherziehung,
- emotionale Stabilisierung der Eltern,
- Vermittlung der ärztlichen Frühdiagnose und Frühbehandlung,
- Vermittlung sozialer Beratung und Hilfe.

*Sonderpädagogische Beratungsstellen* für die Probleme der folgenden Lebensphasen, selbständig oder im Verbund mit anderen Einrichtungen. Als Arbeitsformen der Beratungsstellen bieten sich an:
- ambulante Einzelberatung und -anleitung für Erzieher und Kind,
- ambulante Gruppenberatung für Eltern mit ähnlichen Fragestellungen als Ergänzung der Einzelberatung (Spielnachmittage, Elternabende),
- stationäre Einzel- und Gruppenberatung über eine Reihe von Tagen bzw. Wochenenden für weiter entfernt wohnende Eltern,
- ambulante oder stationäre Förderung im Beisein der Mutter oder des Vaters,

- Hausberatung der Eltern durch Mitarbeiter, teils mit einem entsprechend ausgerüsteten Mehrzweckkombiwagen,
- telefonische Zwischenberatung,
- Elternbriefe.

Sonderpädagogische Beratungsstellen werden sich zweckmässigerweise auf bestimmte, häufig auftretende Beeinträchtigungen konzentrieren, andere Probleme dagegen durch fallweise hinzugezogene Mitarbeiter bzw. Mitarbeiterinnen oder durch spezielle Einrichtungen abklären bzw. übernehmen lassen.

## 5.3.2 Kindergärten

Kindergärten haben die Aufgabe,
- die häusliche Erziehung zu ergänzen (nicht jedoch sie zu ersetzen),
- die gezielte pädagogische Förderung durch Entwicklung der Gemeinschaftsfähigkeit, Selbständigkeit, Spielfähigkeit und Aufgabenbereitschaft zu intensivieren,
- beeinträchtigungsspezifische Förderung anzubieten,
- den Eintritt in die Schule vorzubereiten,
- das Elternhaus für bestimmte Zeiten des Tages zu entlasten,
- das Elternhaus für die häusliche Erziehung und Fortsetzung der Erziehungsarbeit des Kindergartens zu beraten,
- ausserhalb der beeinträchtigungsspezifischen Massnahmen vielfältige Kontakte zwischen behinderten und nichtbehinderten Kindern zu fördern.

Angesichts der besonderen Arbeitsformen und gewissen Ungebundenheit auch bezüglich von Zielvorgaben können auch schwerer beeinträchtigte Kinder im allgemeinen im Regelkindergarten *integriert gefördert* werden, sofern eine entsprechende Unterweisung der Fachkräfte und eine sonderpädagogische Mitwirkung bzw. Beratung erfolgt.

Bei bestimmten örtlichen Gegebenheiten und bei extremen Beeinträchtigungsformen kann sich derzeit jedoch auch ein Sonderkindergarten als erforderlich erweisen, allerdings unter der Massgabe möglichst enger Kontakte zu Regelkindergärten, fachspezifischer Konzepte, Ausstattung und entsprechender Ausbildung der Mitarbeiter.

### 5.3.3 Schulen

Auch im Schulbereich gebührt *integrativen Organisationsformen weitmöglicher Vorrang*.

Für Kinder allerdings, die unter den jeweiligen örtlichen Gegebenheiten nicht hinreichend integriert in Regelschulen gefördert werden können, sind qualifizierte *Sonderschulen* erforderlich.

Schüler/Schülerinnen im Zweifelsbereich sind als Aufgabe der jeweils nach oben anschliessenden Schule anzusehen, soll es nicht zu permanenten negativen Selektions- bzw. ehrgeizigen „gymnasialen" Tendenzen kommen.

*Durchlässigkeit* zu den anschliessenden Schulen ist unerlässlich, um bei entsprechenden Entwicklungsverläufen den Übergang in eine geeignetere Schule zu ermöglichen. Eine curriculare Anhebung von Sonderschulen zugunsten besonders geförderter Schüler/Schülerinnen führt dagegen zu einer unzweckmässigen Ausweitung des Sonderschulwesens.

Zurückstellungen oder die Behauptung einer „Sonderschulbildungsunfähigkeit" missachten den Bildungsanspruch behinderter Kinder. Nur in extremen Ausnahmefällen ist Hausunterricht als Ersatzform des Schulunterrichts vertretbar.

Der besondere Erziehungsbedarf ist u.a. abhängig von der Art der jeweiligen Beeinträchtigung. Gemäss der zum Teil extremen Zeitaufwendigkeit der Lernprozesse bei bestimmten Behinderungen erweist sich in der Regel ein *Ganztagsangebot* sowie eine *Verlängerung der Schulbesuchszeit* für schwerer behinderte Kinder bzw. Jugendliche um ein bis drei Jahre zur Wahrung der Chancengerechtigkeit als unerlässlich.

Sonderschulen haben nur insofern eine Berechtigung, als sie gekennzeichnet sind durch eine besondere, behinderungsadäquate Zielsetzung und Methodik, durch behinderungsgemässe Unterrichtsorganisation einschliesslich der Pausenfrequenz und -gestaltung, durch den Umfang ihres besonderen Angebotes auch in zeitlicher Hinsicht, durch Individualisierung ermöglichende Lehrer-Schüler-Relationen, durch entsprechend ausbildungsmässig qualifizierte Lehrkräfte und durch der besonderen Aufgabe entsprechende bauliche, installationsmässige und ausstattungsmässige Voraussetzungen.

Es besteht kein Anlass, bei Nichterfüllung dieser Bedingungen oder ausserhalb von Veranstaltungen, bei denen es um lernverhaltensspezielle Prozesse geht, behinderte Kinder gesondert zu erziehen. Namentlich für die Aufgabe der Sozialerziehung, die durch Anleitung zur Bewältigung grösserer Heterogenität bezüglich verschiedener Verhaltensweisen gekennzeichnet ist, erweist sich eine durchgängige behinderungsspezifische Homogenität von Gruppen als besonders ungünstig.

Sonderschulen bedürfen daher grundsätzlich einer engen Verbindung mit Regelschulen, um ausserhalb des behinderungsspezifischen Unterrichtes vielfältige Kontakte zwischen behinderten und nichtbehinderten Kindern fördern zu können. Diese Kontakte bedürfen bestimmter organisatorischer Formen. Zum Beispiel: gleichzeitige Benutzung von Pausenhof, Fluren, Werkräumen, Turnhallen und anderen Einrichtungen; Partnerschaften von Gruppen nichtbehinderter mit behinderten Kindern, regelmässige gemeinsame Schulveranstaltungen, Schulfeste usw. sowie Beratung und Anleitung der nichtbehinderten Kinder hinsichtlich angemessener Verhaltensweisen gegenüber behinderten.

Sonderschulen sollten nicht in extrem abgelegenen Gegenden oder in Randlagen plaziert werden, sondern in Siedlungsgebiete, in denen sich Kontaktmöglichkeiten ergeben und in denen auch die Umwelt sinnvolle Umgangsformen gegenüber den behinderten Kindern lernen und üben kann.

*Nachbarschafts- und Umweltkontakte* bedürfen regelmässiger Pflege z.B. durch gemeinsame Benutzung öffentlicher Spielplätze und

Schwimmbäder, durch Unterrichtsgänge, „offene Schultür", Laienmitarbeit seitens der Nachbarschaft usw. Alle Bemühungen um eine Eingliederung beeinträchtigter Kinder bleiben aussichtslos, wenn keine Gelegenheit zu vielfältiger Auseinandersetzung mit der Umwelt gegeben wird, und wenn die Umwelt ihrerseits keine Gelegenheit hat, sich mit den beeinträchtigten Kindern auseinanderzusetzen, ihre Probleme kennenzulernen und durch vielfältige Begegnungen zu einer verständigen Haltung ihnen gegenüber zu gelangen.

### 5.3.4 Einrichtungen der Sekundarstufe II

Sonderpädagogik sollte nach Möglichkeit eine abnehmende Grösse sein, indem sie beeinträchtigte Kinder im Rahmen ihrer Möglichkeiten in die Lage versetzt, reguläre Erziehungseinrichtungen mit Erfolg zu besuchen.

Trotzdem bleiben u.U. für einige der behinderten Schüler und Schülerinnen besondere entsprechende weiterführende Schulen erforderlich (so z.B. mitunter bei vorliegender Blindheit oder Gehörlosigkeit). Wegen der geringen Zahl des Personenkreises erweisen sich zentrale Einrichtungen mit überregionalem Einzugsbereich und einer Ergänzung durch Wocheninternatsplätze mitunter als unvermeidlich. Wegen dieser Gegebenheiten ist die Beachtung der Integrationsbedürfnisse bezüglich Plazierung, Nachbarschaft zu anderen Schulen und Grössenordnung von besonderer Bedeutung.

Insbesondere gilt es, im Bereiche der Sekundarstufe II und im Tertiärbereich eine *Integration in reguläre Schulen* bzw. Hochschulen durch individuelle Fördermassnahmen weitmöglich zu gewährleisten.

Bezüglich der Berufsausbildung behinderter Jugendlicher bedarf es vor allem *anerkannter Ausbildungsberufe*, die auch schwerer beeinträchtigten Jugendlichen erreichbar sind, um attraktive Ziele der beruflichen Bildung und entsprechende Curricula zu eröffnen.

Diese Berufe sollten jedoch nicht als Teil-, Anlern- oder Behindertenberufe bezeichnet und damit diskriminiert, sondern so definiert werden, dass sie jedem Interessierten zugänglich sind, der die entsprechenden Anforderungen zu erfüllen vermag.

Dementsprechend bedürfen auch die Fachklassen für den Unterricht im Rahmen der Ausbildung für diese Berufe im allgemeinen keine Zusatzbezeichnung - etwa „für Lernbehinderte" oder „für Geistigbehinderte".

### 5.3.5 Einrichtungen der Erwachsenenbildung

Die Förderung erwachsener beeinträchtigter Menschen sollte soweit als möglich im Rahmen des Regelbereichs erfolgen.

Für einige Gruppen sind jedoch spezielle Veranstaltungen bzw. Einrichtungen der Erwachsenenbildung erforderlich etwa zur Information über neue behindertenspezifische Alltagstechniken und -hilfen (so z.B. für blinde, gehörlose, körperbehinderte Personen).

Für einige, vor allem erst im Erwachsenenalter beeinträchtigte Personen sind berufliche *Umschulungskurse* bzw. entsprechende Berufsförderungswerke erforderlich.

Für einige Gruppen werden *weiterführende Bildungsangebote* zweckmässigerweise in Werkstätten und in Wohnheimen zu eröffnen sein, sofern sich keine anderen organisatorischen Möglichkeiten z.B. wegen der Verkehrsverhältnisse bzw. wegen der mangelnden Verkehrstüchtigkeit der entsprechenden Personen erreichen lassen.

Wenn irgend möglich ist eine einseitige, horizontverengende und das Behinderungsthema überzeichnende Fixierung von beeinträchtigten Menschen auf „Behindertenvereine" als hauptsächlicher Kommunikationsrahmen zu vermeiden. Auch „Klubs für Behinderte" sollten als Klubs für Behinderte und Nichtbehinderte konzipiert sein, soweit sich eine reguläre Teilnahme behinderter Menschen an *allgemeinen Klubs* nicht ermöglichen lässt.

Auch und gerade beeinträchtigte alte Menschen bedürfen pädagogischer Anregung und Förderung, namentlich wenn sie geistig oder emotional Schwächen haben und zudem pflegebedürftig sind. Die

Rede von „blossen Pflegefällen" ist daher unstatthaft. Dies gilt nicht zuletzt für Heimbewohnerinnen und -bewohner.

## 5.3.6 Heime

Die Erziehung behinderter Menschen sollte soweit als möglich in regulären Erziehungsbezügen verlaufen, um die regelhafte Welt mit ihren Problemen realistisch erschliessen zu können und eine weitmögliche Eingliederung zu gewährleisten. Die Erziehung im Familienbereiche ist daher einer Erziehung im Heim (Anstalt) grundsätzlich vorzuziehen.

- Gründe für eine Erziehung behinderter Menschen in Heimen sind - sofern sich keine grundlegende Abhilfe schaffen oder keine befriedigende Pflegestelle finden lässt und die erforderliche Kompetenz zu selbständigem Leben noch nicht oder nicht mehr gewährleistet ist:
- das Fehlen der Eltern,
- Überforderung der Eltern hinsichtlich der Erziehung,
- Überbelastung durch chronische Erkrankungen von anderen Familienmitgliedern,
- extreme emotionale Spannungen im Familienbereich,
- häusliche, nicht überwindbare Schwierigkeiten der Pflege, namentlich in Anbetracht des Gesundheitszustandes der Eltern,
- medizinische Erfordernisse, die eine unmittelbare Nähe des Arztes bedingen,
- extrem ungünstige Verkehrsverhältnisse, die ein Verbleiben im Elternhaus und den täglichen Besuch offener Einrichtungen auch nicht per Taxe erlauben.

Heime (Anstalten) sollten durch Vermeidung von integrationshemmenden Grössenordnungen und Plazierungen (isolierte Lage), durch angemessene bauliche Gliederung und entsprechende Erziehungsmassnahmen eine weitmögliche Eingliederung in reguläre Lebensbezüge gewährleisten.

## 5.4 Der Vorrang integrierter Organisationsformen

### 5.4.1 Wirkungschancen der Integration als Organisationsform

Wenn gelegentlich Integration als ein „indiskutables Humanum", als „moralische Maxime" hingestellt wird, als ein Prinzip, das absolute Geltung zu beanspruchen habe, als Norm schlechthin, so wird doch übersehen, dass Integration als Ziel ebenso wie als Methode eine Intention, ein Postulat ist, das auf einer vorgängigen Wertentscheidung beruht, die in jedem Falle der Begründung bedarf.

Dies wird schmerzlich deutlich, wenn bereits bei ersten Einschränkungen im Sozial- und Bildungsetat manche hehren Ziele unter Berufung auf den sich wandelnden Zeitgeist voreilig zurückgenommen werden, oder wenn problematische Untersuchungen zum Beweis für die Wirkungslosigkeit oder Undurchführbarkeit von Integration herangeführt werden.

Nur solide Begründungen und seriöse Belege können hier zur Verteidigung mühsam errungener Fortschritte beitragen, rationale Argumente, welche die Kurzlebigkeit mancher emotionalen Bewegtheiten überdauern.

Darum erscheint es angebracht, die Wirkungschancen, die Vorzüge einer weitmöglichen Integration von Kindern mit Beeinträchtigungen gemeinsam mit nicht beeinträchtigten hervorzuheben, was hier am Beispiel des Schulbereichs erfolgen soll:

- Zentrales Argument, das für eine integrierte Schulerziehung spricht, ist das *soziale Wohlbefinden der beeinträchtigten Kinder*, aber auch ihrer Eltern, wenn ihnen die Regelschule geöffnet bleibt oder wird, zumal soziales Wohlbefinden eine entscheidende Voraussetzung für das Gelingen von Lernprozessen ist.
- Sodann lässt sich die *sozialerzieherische Aufgabe*, d.h. die Auseinandersetzung mit dem Anderssein des Anderen und sein Gleichsein überhaupt nur in integrativen Lebens- und Arbeitsprozessen verwirklichen. Hierzu gehört auch der Abbau von Unsicherheiten, Un-

kenntnis und Angst und nicht zuletzt die Eröffnung eines Bewährungsfeldes, das in einer durchgängigen Schonraumpädagogik nicht anzubieten ist, d.h. positive Stimulierung und Verringerung von Isolationsschäden.
- Von besonderer Bedeutung ist die *Möglichkeit des Modelllernens*, die in homogenen Gruppen von behinderten Kindern weitgehend entfällt.
- Im Laufe integrierter Arbeit erweist sich die Assistenzmöglichkeit durch die Zusammenarbeit zwischen Sonderpädagogenschaft und Regelschullehrerschaft als wichtiger Weg der wechselseitigen *Kompetenzerweiterung*. Dies geschieht anstelle des Verlustes von Zuständigkeiten auf der einen oder der anderen Seite bei traditioneller Sonderschulüberweisung.
- Hierbei kommt der *Einstellungsänderung der Lehrkräfte* ein besonderer Stellenwert zu, so dass im Laufe integrativer Arbeit Kinder oft ganz anders gesehen werden (BACH, PFIRRMANN 1994, 115f.).
- Neben dem vertieften Verstehen erfahren auch die Aktivitäten eine *Richtungsänderung*: die Tendenz, schwierige Kinder abzuschieben, wird überwunden durch das Bemühen, solche Kinder solange wie möglich selbst zu unterrichten und zu halten.
- Auch in methodisch-didaktischer Hinsicht fördert integrierte Arbeit positive Veränderungen und vor allem hinsichtlich der Überwindung frontaler, nivellierender Vorgehensweisen zugunsten einer stärkeren Differenzierung (vgl. hierzu etwa DUMKE 1993, 35; BACH, PFIRRMANN 1994, 67f.).
- Durch Förderausschüsse als Beratungsgremien vor und während umfänglicherer integrierter Förderung kann es zu einer stärkeren *Einbeziehung der Eltern* in Verantwortung und praktische Arbeit kommen.
- Dies wird durch die grössere *Wohnortnähe* integrierter Förderung gegenüber der Sonderschule unterstützt neben dem umfänglichen Verbleib des Kindes in seiner örtlichen Umgebung.
- Schliesslich ist auf die bedeutenden *präventiven Möglichkeiten* im Rahmen integrativer Arbeit hinzuweisen, d.h. auf die Chancen, dass

Sonderpädagogen/Sonderpädagoginnen als Förderlehrkräfte in Regelschulen frühzeitig angesprochen werden und mit den Regelschullehrkräften überlegen können, welche Umstellungen etwa hilfreich sein könnten, damit sich nicht aktuelle Irritationen zu Behinderungen auswachsen.

Insgesamt lässt sich feststellen, dass von integrierter Förderung beeinträchtigter Kinder in Regelschulen *wesentliche schulreformerische Impulse* auszugehen vermögen.

So mag es verständlich erscheinen, dass Sonderpädagogik geradezu mit „Integrationspädagogik" (EBERWEIN 1990, 45) gleichgesetzt wird und Integration als Lösungsformel für Probleme „ohne Wenn und Aber" stilisiert wird. Wie bei Prinzipien dieser Art wird hier allerdings nur zu leicht übersehen, dass neben der Integration noch andere wesentliche Gesichtspunkte der Berücksichtigung bedürfen. (vgl. Kap. 3 und 4)

Grundsätzlich aber gilt es zu sehen, dass die skizzierten Wirkungschancen der Integration lediglich Chancen sind und dass ihre Realisierung nicht automatisch durch schulorganisatorische Umstellungen erfolgt. Vielmehr hängt sie in entscheidendem Masse von Einstellung, Haltung, Engagement und Qualifikation der Lehrerschaft ab. Trotz der Bedeutung organisatorischer Reformen im Schulbereich gilt: *Schule wird immer nur so gut oder so schwach sein, wie es ihre Lehrer und Lehrerinnen sind. Guter Wille allein genügt nicht. Er bedarf der Ergänzung durch fachliche Kompetenzen.*

Für die Wirkungschancen der Integration heisst das: Manche der genannten Vorzüge der Integration werden aus den erwähnten Gründen mancherorts voll zum Tragen kommen, während andernorts ein Ausbleiben ihrer Realisierung zu unrecht auf die Organisationsform der Integration zurückgeführt wird.

## 5.4.2 Gefährdungen der Integration

Soll angesichts ihrer aufgezeigten Wirkungschancen die Integration gefördert werden, gilt es, auch ihre Gefährdungen im Auge zu behalten, sich nicht nur von Wünschen und Illusionen faszinieren zu lassen, sondern auch die gelegentlich harte Wirklichkeit wahrzunehmen.

Auch die Gefährdungen kommen in ihrem sperrigen Umfang weitgehend erst bei der Umsetzung von Integrationskonzepten in die Praxis in den Blick.

- Eine der brisantesten Gefahren bedroht die Integration *durch unzureichende Ausstattung mit Fachpersonal*, vor allem mit Sonderschulehrern und -lehrerinnen. Dies geschieht vor dem Hintergrund von Gesetzesversprechungen, die grosse Hoffnungen erwecken, aber mit Etatvorbehalten eingeschränkt werden, die oft nur von besonders Durchsetzungsfähigen durchschaut und ausgehebelt werden können. In anderen Fällen bleiben nur bittere Enttäuschung auf der einen und Verlust der Glaubwürdigkeit auf der anderen Seite. Wennn z.B. eine integrierte Förderung arrangiert wird, bei der nur in unzureichendem Masse Sonderpädagogen bzw. Sonderpädagoginnen für die Förderarbeit zur Verfügung stehen, ist dies dazu angetan, zu schlimmen Enttäuschungen der Eltern und zu unvertretbarer Überforderung der Regelschullehrkräfte zu führen, was letztlich eine grundsätzliche Ablehnung und damit fundamentale Gefährdung integrierter Förderung zu bewirken vermag.
- Nicht minder riskant ist die engagierte Forderung einer flächendeckenden *Doppelbesetzung aller Regelschulklassen*, in denen behinderte Kinder sind, durch eine Regelschul- und eine Sonderschullehrkraft. Dadurch werden Integrationskonzepte von vornherein als illusorisch klassifizierbar.
- Eine Gefähring anderer Art droht der Integration durch *einseitige, d.h. unzureichende Förderung* behinderter Kinder, etwa wenn einseitig auf Sozialerziehung und soziales Wohlbefinden oder auf bestimmte Leistungen etwa im sprachlichen oder mathematischen Bereich gesetzt wird. Wenn aber integrierte Förderung beeinträchtigter

Kinder Entscheidendes für ihre Entwicklung schuldig bleibt, wird ihr Wert zu Recht in Frage gestellt.
- Nicht geringer ist die Gefährdung durch *Auslese integriert zu fördernder Kinder* gemäss bestimmter Ressourcen. Dadurch wird nicht nur einer Diskreditierung der integrierten Förderung, sondern auch der Resignation der ausgeschlossenen Eltern Vorschub geleistet.
- In verschiedenen Integrationsprojekten wird auf die Gefahr einer *Separierung durch integrierte Förderung* aufmerksam gemacht - sei es durch forcierte Aufmerksamkeit für die betreffenden Kinder, sei es durch allzu weitgehende Verlagerung der Lernortes der Förderung ausserhalb der Klasse, sei es durch Übersehen des Sachverhalts, dass auch wohlmeinende Individualisierung des Unterrichts stets in gewissem Masse Desintegration bedeutet, deren Grenzen zu beachten sind. Jedenfalls lässt sich sagen, dass die wichtigen Instrumente der integrierten Förderung, die Individualisierung und die Differenzierung, bei pädagogischer Unaufmerksamkeit gerade das unterlaufen können, was eigentlich angestrebt wird (vgl. hierzu HAEBERLIN 1990, 325f.).
- So eindrucksvoll das Diktum „Integration ist unteilbar" (MUTH 1986, 140, ebenso FEUSER, EBERWEIN u.a. ) auch sein mag, so gefährlich ist es jedoch, wenn es zum *Verzicht auf Differenzierung* im Sinne eines „Alles oder Nichts" aufruft, wie es beim traditionellen Sonderschulwesen weitgehend der Fall ist und die Bedürfnisse des Einzelnen auch hinsichtlich der Gruppenwahl nicht hinreichend respektiert werden.
- Auch gibt es Problemlagen, die den Zweierbezug etwa zum Aufbau fundamentaler emotionaler Bezugsverhältnisse erfordern sowie *unterschiedliche Bedürfnisse bezüglich der Vergemeinschaftung,* der Lernweisen, die bestimmte Heterogenität unzweckmässig erscheinen lassen, weswegen ja auch z.B. Vierjährige nur sehr ausnahmsweise in die Sekundarstufe II integriert werden (vgl. hierzu Kap. 5.1).
- Eine Gefährdung ganz anderer Art droht den Integrationsbemühungen durch eine negative Entwicklung der Regelschulen bezüglich

*einseitiger Leistungsorientierung* und ungenügender menschlicher Assistenzbereitschaft.
- Ebenso wie es gewichtige pädagogische Gesichtspunkte der Begrenzung von Homogenität gibt, gilt es auch solche hinsichtlich der Heterogenität zu beachten. Jedenfalls sollte das Integrationsanliegen nicht dadurch gefährdet werden, dass zugunsten eines Prinzips die *Bedarfslagen der betroffenen Kinder* zu wenig wahrgenommen und berücksichtigt werden.
- Eine weitere Gefahr für den Erfolg integrierter Förderung besteht in der *Benennung* der zu fördernden Kinder. Begriffe wie „Sonderschulkind", „Integrationskind", „Förderkind", „Sonderkind", erweisen sich als ebenso desintegrativ und zudem als festschreibend und festhaltend wie die Begriffe „Behinderung", „Körperbehinderung", „Lernbehinderung" usw. Dasselbe gilt auch für Begriffe wie „Integrationsklasse" u.ä. Wenn hier noch durch den strengen Verzicht auf entsprechende Benennungsgewohnheiten etwas zu erreichen ist, erweisen sich andere Gegebenheiten als schwieriger überwindbar:
- Dies betrifft neben den *Benotungen* und Zeugnissen vor allem die *Abschlüsse*. Kinder, die eben noch über Schuljahre hin integriert waren, bekommen schliesslich brutal attestiert, dass ihr Schulabschluss lediglich dem einer Sonderschule z.B. für Geistigbehinderte, für Lernbehinderte usw. entspricht (vgl. hierzu mit entsprechenden Veränderungsvorschlägen: BACH, PFIRRMANN 1994, 73, 96ff.).
- Wie bereits vor Jahren im traditionellen Sonderschulwesen aufgrund fehlender sonderpädagogischer Ausbildung vieler Lehrkräfte die berechtigte Frage aufkam, die schliesslich zu der Infragestellung des Sonderschulwesens führte, was denn eigentlich das Besondere der Sonderschule ausmache, droht sie auch der integrierten Förderung, wenn von willigen aber fachlich nicht kompetenten Kräften eine differenzierte, den Problemlagen der beeinträchtigten Kinder angemessene Förderung erwartet wird. Dabei unausbleibliche Folgen *unzureichender fachlicher Assistenz* für besonders erschwerte Lebenssituationen bedürfen als ernstzunehmende Gefährdung integrierter Arbeit schlechthin nicht bagatellisiert werden, als wären sie

mit einem herzhaften „Ärmel hoch und durch" zu beheben (vgl. hierzu auch EBERWEIN 1990, 344).
- Eine Gefährdung ganz anderer Art droht der integrativen Arbeit durch begeisterte und begeisternde Evaluation, wenn sie zu wenig kritisch ist und Probleme verschweigt. Ebensowenig wie Einzelbeispiele erfreulicher Ergebnisse der Arbeit sollten auch ungelöste Probleme verdrängt werden, sonst werden erforderliche Weiterentwicklungen wie auch die Glaubwürdigkeit der Berichtenden unversehens eingeschränkt. So ist es ebenso wichtig, die *Befindlichkeit integriert geförderter beeinträchtigter Kinder* wahrzunehmen und ernstzunehmen wie die ihrer Eltern. (Dasselbe ist übrigens hinsichtlich von in Sonderschulen geförderten Kindern nicht minder bedeutsam.)
- Schliesslich sollten die Gefährdungen integrierter Bemühungen durch den Umgang mit leisen, zögerlichen, skeptischen, kritischen, traditionsverhafteten oder verfestigten Personen nicht als gering eingeschätzt werden. Es provoziert verständlicherweise Zweifel, wenn Integration in einer Sprache vorangetrieben wird, die mögliche *Gesprächspartner ausgrenzt*, so etwa, wenn eine Position, die differenzierte Formen der Integration überlegt oder erprobt, als „Ausgrenzung" und „Selektion" oder als erster Schritt zur Euthanasie denunziert wird. Jedenfalls werden auf diese Weise kaum Mitarbeitende für die integrative Arbeit zu gewinnen sein.

Diese Zusammenfassung der Gefährdungen ist ins Positive gewandt als Plädoyer für Chancen und Bedeutung der Integration zu verstehen. Dies geschieht im Sinne effizienter Konsequenz für die Praxis durch entsprechende Modifikation von Konzepten und Handlungsvollzügen. Man könnte hier geradezu von Entwicklungsbedingungen der integrierten Förderung beeinträchtigter Kinder in der Schule sprechen.

### 5.4.3 Entwicklungsbedingungen der Integration

Im Bewusstsein der bedeutenden Chance weitmöglicher Integration beeinträchtigter Kinder in der Schule und unter Berücksichtigung der

hier drohenden Gefahren lassen sich die Entwicklungsbedingungen in 7 Punkten zusammenfassen:
1. Integrierte Förderung beeinträchtigter Kinder in der Schule bedarf einerseits hinreichender Komplexität angesichts der vorliegenden Problemlagen unter Vermeidung einseitiger Aufgabenwahrnehmung, andererseits aber einer Differenzierung ebenso der Lernziele wie auch hinsichtlich der individualen Problemlagen.
2. Integrierte Förderung bedarf der problem-, personenbezogenen und aufgabengerechten Differenzierung der Unterrichtsmethoden und -mittel, der erforderlichen Baulichkeiten und Installationen, des Zeit- und Pausenbedarfs ebenso wie der Unterrichtsorganisation und der Lernorte gemäss der jeweiligen Problemlage.
3. Integrierte Förderung bedarf, soll sie beeinträchtigten Kindern wirklich dienen und angemessen weiterentwickelt werden, kritischer Beobachtung des Feldes, der Befindlichkeiten aller Beteiligten, d.h. der beeinträchtigten Kinder, der Mitschüler/innen, der Lehrer/Lehrerinnen, der Eltern usw.
4. Integrierte Förderung bedarf der Askese hinsichtlich der Klassifizierung wegen des desintegrierenden und festschreibenden Charakters. Begriffe wie „Behinderung", „Lernbehinderung" oder - in der personalisierten Form - „der Geistigbehinderte", „der Körperbehinderte" usw. sollten durch konkrete Bennennungen des Problems ersetzt werden, sofern dies erforderlich ist. Auch Begriffe wie „Integration", „Integrationsklasse", „Integrationspädagogik" sollten unter diesem Gesichtspunkt überprüft werden.
5. Soll ein wichtiges Ziel integrierter Förderung nicht aufgehoben und engagiertes Bemühen nicht in Frage gestellt werden, bedürfen Beurteilung, Benotung und Abschlüsse einer angemessenen Reform, indem auch hier Klassifizierungen allgemeiner Art durch konkrete, akzeptable Aussagen über Leistungsstand und Probleme abgelöst werden.
6. Die Konzepte integrierter Förderung sollten auch auf die jeweilige Realisierbarkeit und nicht einseitig auf die Wünschbarkeit hin abgestimmt werden, um nicht durch Realitätsferne auf pädagogische

Sonderbereiche beschränkt zu werden. Jedoch gilt es stets auch, Realität zu verändern, um das pädagogisch Erforderliche schrittweise und soweit wie irgend möglich durchzusetzen. Allerdings wäre es bedenklich, wenn Realitäten vorgegeben werden, die Integration aufheben oder zur Farce werden lassen. Aus diesem Grunde bedarf es ebenso der rechtlichen Zusage von Förderstunden (wie von Lehrer-Schüler-Relationen oder Klassenmesszahlen). Neben der Qualität integrierter Förderung bedarf auch eine problemangemessene Quantität strenger Beachtung.

7. Integrierte Förderung bedarf einer problem- und aufgabengerechten Akzentuierung der sonderpädagogischen Ausbildung sowie bestimmter erziehungswissenschaftlicher Anteile der allgemeinen Lehrerausbildung - vor allem bezüglich der sonderpädagogischen Differenzierungserfordernisse, der Aufgaben und Lernziele, der Methoden und nicht zuletzt hinsichtlich der anzubahnenden Haltung gegenüber beeinträchtigen Kindern.

### 5.4.4 Desintegrative Zentren

In der Gegenwart erweist es sich als besonders wirksam, geplante Einrichtungen für beeinträchtigte Menschen als „Zentren" zu bezeichnen, um ihre Plazierung im öffentlichen Bewusstsein und ihre Realisierung zu fördern.

Die Bezeichnung „Zentrum" ist dadurch geradezu ein Gütesiegel geworden, dessen Verwendung angesichts einzelner Vorhaben jedoch mehr als problematisch erscheint. Es ist die Unterscheidung zwischen drei Arten von sogenanten Zentren erforderlich, wobei die eigentlich problematische die drittgenannte ist:

*Regelzentren*, worunter reguläre Einrichtungen wie Kindertagesstätten, Schulen, Werkstätten für Behinderte usw. zu verstehen sind, die lediglich der Mode folgend als Zentren firmieren, um sich gehobenes Ansehen zu verschaffen, ohne dass dadurch die erforderlichen fachlichen Gesichtspunkte der Arbeit vernachlässigt würden.

*Spezialzentren*, worunter Einrichtungen wie Zentren für pädagogische Frühförderung zu verstehen sind, die bestimmte diagnostische, therapeutische, pädagogische und beraterische Funktionen erfüllen, welche in vergleichbarer Differenziertheit wegen der relativ geringen Bedarfszahlen nicht in jedem Gebiet eingerichtet zu werden brauchen.

*Sammelzentren*, worunter eine räumliche Addition von Einrichtungen der „Behindertenhilfe" für mehrere Lebensalter, Behinderungsformen und Förderbereiche zu verstehen ist, die mit ökonomischen Argumenten begründet werden, jedoch unter pädagogischem und sozial-psychologischem Aspekt als problematisch anzusehen sind.

Im wesentlichen sind es folgende Gründe, die gegen eine solche Zentrierung von Einrichtungen sprechen:

Gettobildung durch eine Konzentration von Menschen verschiedener Altersstufen bzw. Beeinträchtigungsformen, wodurch bei den Betroffenen die gesellschaftliche Sonderstellung verstärkt und demonstriert wird.

Strukturnivellierung hinsichtlich des Lebenslaufes, wenn für die verschiedenen Lebensbereiche und Lebensphasen nur ein Terrain zur Verfügung gestellt wird und die Betroffenen u.U. vom Kindergarten- bis zum Erwachsenenalter in solchen Zentren verbleiben müssen, während Nichtbehinderte durch die belebenden Übergänge in andere Bereiche stimuliert werden: vom Kindergarten zur Schule, von der Schule zum Berufsleben, von der Werkstatt zur Wohnung.

Durch Sammelzentren wird der geforderte Anspruch beeinträchtigter Menschen auf verschiedene Lern- und Selbstverwirklichungsorte zurückgeschraubt auf die reduzierten Lebensumstände, die etwa mit den Angeboten mancher traditionellen Anstalten zu vergleichen sind.

Informationsverlust der Öffentlichkeit durch Vergabe der Chance, sich an mehreren Orten über beeinträchtige Menschen, ihr Leben und ihre Förderung in direkter Anschauhung orientieren zu können. Dadurch werden nicht nur die Möglichkeiten einer breiten und intensiven gesellschaftlichen Unterstützung der Förderung verringert, sondern auch die für beide Seiten anregenden Kontaktfelder.

Die genannten Gründe werden mancherorts noch durch die Grösse und die Lage der Sammelzentren verstärkt. Teils werden die täglichen Anfahrtswege und damit die Trennung von der Familie ungebührlich verlängert, teils ergeben sich Zentren von einer Grössenordnung, die zu verstärkten Binnenkontakten bei verringerten Aussenkontakten führt. Dies wird noch dadurch begünstigt, dass teils nur noch abseits von Wohngebieten und regulären Lebensverhältnissen Bauplätze zu finden oder erschwinglich sind, welche den vorgesehenen Projektdimensionen entsprechen, so dass Sammelzentren weitab vom wirklichen Leben und seinen Argumenten das Abseits der Betroffenen und die Distanz der Gesellschaft zu ihnen nur noch verstärken (vgl. Abb. 11).

Reguläre Einrichtungen     Grosseinrichtungen

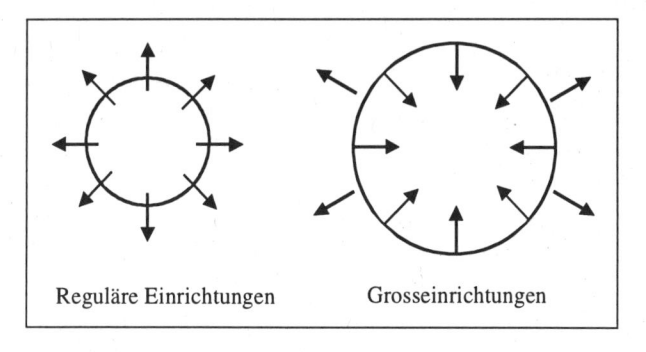

**Abbildung 11**  Binnenkonzentration und Aussenkontakte von regulären und von Grosseinrichtungen

Gelegentlich drängt sich allerdings geradezu der Eindruck auf, dass der gegenwärtige Trend zu Zentren im Sinne von Sammelzentren bewusst oder unbewusst der Tendenz entspricht, beeinträchtigte Menschen unter dem Etikett einer modernen „Lösung" abzuschieben.

Gegenüber den genannten Gefahren für die Betroffenen und die Gesellschaft gelten die Gründe, die *für* diese Zentren angeführt werden, nur für wenige Ausnahmefälle: dass sie nämlich differenzierte

Spezialdienste für die verschiedenen Personengruppen anbieten oder besser nutzen könnten und auch in versorgungs- und verwaltungsmässiger Hinsicht ökonomischer seien.

Jedenfalls wäre es bedenklich, wenn sich die Öffentlichkeit von lokalen Interessenten an Sammelzentren den Gesichtspunkt der Sparsamkeit als dominierenden Massstab für Behinderteneinrichtungen aufdrängen liesse, weil damit eine Entwicklung eingeschlagen würde, für deren mögliche Endpunkte sich in der Geschichte bittere Belege finden.

Zusammenfassend ist festzustellen, dass Sammelzentren der genannten Art pädagogischen und sozialen Vorstellungen der Jahrhundertwende entsprechen und nach dem heutigen Stande der Erkenntnis nicht mehr eingerichtet werden sollten, da sie die Entwicklung und Integration behinderter Menschen zu beeinträchtigen und die Distanz der Gesellschaft ihnen gegenüber zu vergrössern angetan sind.

## 5.5 Die Sonderpädagogik im Gesamtsystem der Eingliederungshilfen

### 5.5.1 Binnendifferenzierung der Sonderpädagogik

Neben der traditionellen Funktion der Schule für die Erziehung bei vorliegender Beeinträchtigung sind die sonderpädagogischen Aufgaben im vor-, neben- und nachschulischen Bereiche (Früherziehung, Hauserziehung, Freizeiterziehung, Berufserziehung, Erwachsenenerziehung, Altenförderung) von zumindest gleich grosser Bedeutung, sollen die Bemühungen nicht als zu schmal, zu spät oder zu kurz in ihrer Wirksamkeit unzureichend bleiben.

Demgemäss ergibt sich eine Binnendifferenzierung der Sonderpädagogik und der entsprechenden *Tätigkeitsfelder nach Lebensstufen (Stufenschwerpunkte)* in einen Säuglings-, Kleinkind-, Schulkind-, Jugendlichen- und Erwachsenenbereich mit den Einrichtungen der Früh-, Kindergarten-, Schul-, Berufs- und Erwachsenenerziehung,

Altenförderung - jeweils mit begleitender Haus- und Freizeiterziehung (vgl. Abb 12).

| I. Stufenschwerpunkte | | | | |
|---|---|---|---|---|
| Frühstufe | Elementarstufe | Primarstufe | Sekundarstufe | Tertiärstufe |
| Säuglingsalter | Kindergartenalter | Schulalter | Ausbildungsalter | Erwachsenenalter |
| Haus- und Freizeiterziehung | | | | |
| **II. Fachrichtungsschwerpunkte** | | | | |
| Schäden der individualen Disposition*) | Benachteiligung durch Verhaltensbedingungen | | Belastungen durch unangemessene Anforderungen | |
| **III. Fachsschwerpunkte** | | | | |
| Diagnostik | Erziehung | Unterricht | Beratung | Prävention | Öffentlichkeitsarbeit |

*) Dominanz z.B. im motorischen, sensoriellen, kognitiven Bereich

**Abbildung 12**   Binnendifferenzierung der Sonderpädagogik

Eine weitere Unterteilung ergibt sich gemäss den verschiedenen *Beeinträchtigungsdominanzen (Fachrichtungsschwerpunkte),* wobei die angrenzenden Formen stets zusätzlicher Beachtung bedürfen.

Im Rahmen der jeweiligen Stufen- und Fachrichtungsschwerpunkte bedarf es einer Differenzierung nach bestimmten fachlichen bzw. technischen Aufgaben (vgl. Abb. 12) wie Diagnostik, Erziehung, Unterricht in bestimmten Disziplinen, Vorsorge, Beratung, Öffentlichkeitsarbeit *(Fachschwerpunkte).* Eine Spezialisierung in einem Bereiche macht in der Regel eine mehr oder minder umfängliche Mitwirkung in anderen Bereichen erforderlich, d.h. isolierte Diagnostik ohne praktische Erziehung bzw. ohne Unterricht und ohne bestimmte fürsorgerische und Beratungsbemühungen sowie Öffentlichkeitsarbeit erweist sich auf die Dauer als ebenso unzweckmässig wie isolierte

Unterrichtstätigkeit im Bereiche der Sonderpädagogik ohne diagnostische und beraterische Tätigkeit.

Ebenso notwendig wie die genannten Spezialisierungen und entsprechenden Binnendifferenzierungen im Bereiche der Sonderpädagogik ist eine intensive Kooperation und ein gewisser Überblick über das Gesamtgebiet der Disziplin.

Entsprechend den unterschiedlichen Aufgaben werden im Bereiche der Sonderpädagogik Diplompädagogen/Diplompädagoginnen (Fachrichtung Sonderpädagogik), Sonderschullehrer/Sonderschullehrerinnen, Sondererzieher/Sondererzieherinnen und Sondererziehungshelfer/Sondererziehungshelferinnen benötigt, deren Ausbildung ebenso einer mittleren Differenziertheit wie einer Kooperationsorientiertheit, eines Praxisbezuges und der Durchlässigkeit bedarf und dies neben Pädagogen im Regelbereich, die wegen der dort anfallenden Probleme in jedem Falle einer bestimmten sonderpädagogischen Information bedürfen (vgl. hierzu BACH 1982b).

### 5.5.2 Aussenbezüge der Sonderpädagogik

Die Sonderpädagogik als Erziehung bei vorliegender Beeinträchtigung bedarf bei ihrem Bemühen um differenzierte und qualifizierte Hilfen der Informationen und Ergänzungen sowie entsprechender Kooperation seitens der angrenzenden Bereiche der Eingliederungshilfe.

Das Gesamtsystem dieser Hilfen (*Rehabilitation*) (vgl. Abb. 13) umfasst neben der Sonderpädagogik vor allem (vgl. 2.9.4):

- Medizin (der verschiedenen Fachrichtungen) hinsichtlich der Diagnostik und Therapie insbesondere somatischer Schäden sowie bezüglich der erforderlichen medico-pädagogischen Massnahmen,
- Psychologie hinsichtlich der Diagnostik spezieller psychischer Schäden und bestimmter psychologischer Beeinflussungsmethoden,
- Soziologie hinsichtlich Formen, Probleme und Einflüsse gesellschaftlichen Zusammenlebens,
- Sozialarbeit hinsichtlich der Diagnostik spezieller Umfeldbenachteiligungen und fürsorgerischer, einschliesslich materieller Hilfen,

- Arbeitsverwaltung hinsichtlich der Eingliederung (Beratung, Vermittlung und Förderung) im beruflichen Bereich,

```
┌─────────────────────────────────────────────────────────┐
│   ┌────────────────┐   ┌──────────────────────────┐     │
│   │Arbeitsverwaltung│   │Kultur-, Sozial-, Gesellschafts-│ │
│   │                │   │politik und -verwaltung   │     │
│   └────────────────┘   └──────────────────────────┘     │
│ ┌──────────┐                              ┌──────────┐  │
│ │Sozialarbeit│                            │Verbände  │  │
│ └──────────┘      ┌──────────────┐        └──────────┘  │
│                   │Sonderpädagogik│                     │
│ ┌──────────┐      └──────────────┘        ┌──────────────┐│
│ │Psychologie│                             │Regelpädagogik││
│ └──────────┘                              └──────────────┘│
│   ┌────────┐        ┌──────────────────┐                │
│   │Medizin │        │Familie, Heim, Umfeld│             │
│   └────────┘        └──────────────────┘                │
└─────────────────────────────────────────────────────────┘
```

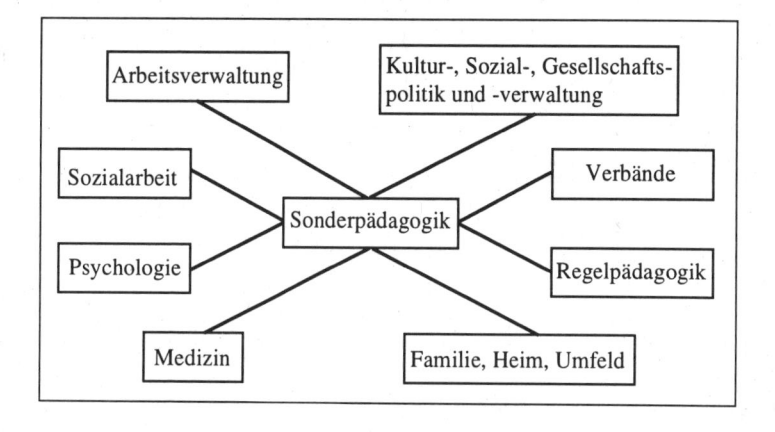

**Abbildung 13**

- Kultur-, Sozial- und Gesundheitspolitik und entsprechende Verwaltungen hinsichtlich der Bereitstellung der erforderlichen rechtlichen, ökonomischen und organisatorischen Voraussetzungen für die Eingliederungshilfe,
- Verbände von beeinträchtigten Menschen oder Förderern sowie Trägerorganisationen von Einrichtungen hinsichtlich der Mitwirkung, Innovation und Stimulierung der Bemühungen.
- Ferner bedarf es der Kontakte vor allem zu den Familien und anderen Lebensbereichen der Betroffenen selber und zur Regelpädagogik insbesondere hinsichtlich der erforderlichen Massnahmen im Grenzbereich.
- Die Differenzierung und entsprechende Spezialisierung des Gesamtsystems der Eingliederungshilfen macht sowohl einen Überblick über sämtliche beteiligten Bereiche als auch eine Kooperation zwischen den Bereichen unerlässlich.

# Literaturverzeichnis

ANTOR, G.: Legitimationsprobleme sonderpädagogischen Handelns. In: Bleidick, U. (Hrsg.): Theorie der Behindertenpädagogik. Handbuch der Sonderpäd. Bd. 1. Berlin 1985, 235-250

BACH, H.: Notwendigkeiten und Grenzen eines Systems der Fördererziehung. Z. Heilpäd. 1971 (22) 172-183

BACH, H., BLEIDICK, U., KANTER, G. u.a. (Hrsg.): Handbuch der Sonderpädagogik. 12 Bde. Berlin 1977-1991

BACH, H.: Sonderpädagogik und Therapie. Sonderpäd. 1980 (10) 103-111

BACH, H.: Soziale Integration. Geistige Behinderung 1982a (21) 138-149

BACH, H.: Berufe in der Rehabilitation beeinträchtigter Menschen. Nachrichtendienst des Deutschen Vereins für öffentliche und private Fürsorge 1982b (62) 314-319

BACH, H.: Die Förderung von Menschen mit geistiger Behinderung unter dem Aspekt der Interdisziplinarität. Geistige Behinderung 1983 (22) 179-189

BACH, H.: Sozialpädagogik und Sonderpädagogik. In: Eyferth, H., Otto, H.-U., Thiersch, H. (Hrsg.): Handbuch zur Sozialarbeit/Sozialpädagogik. Neuwied, Darmstadt 1984a. 1016-1027

BACH, H.: Schulintegrierte Förderung bei Verhaltensauffälligkeiten. Mainz 1984b

BACH, H.: Grundbegriffe der Behindertenpädagogik. In: Bleidick, U. (Hrsg.): Theorie der Behindertenpädagogik. Handb. der Sonderpäd. Bd. 1. Berlin 1985. 3-24

BACH, H.: Bedeutung und Problematik sonderpädagogischer Teildisziplinen. In: Bächthold, A., Jeltsch-Schudel, B., Schlienger, J. (Hrsg.): Sonderpädagogik. Handlung, Forschung, Wissenschaft. Berlin 1986a. 3-14

BACH, H.: Die Psychologie in der Rehabilitation behinderter Menschen. Grundlagen, Aufgabenbereiche, Probleme. In: Wiedl, K.H. (Hrsg.): Rehabilitationspsychologie. Stuttgart 1986b. 13-32

BACH, H.: Sonderpädagogische Handlungsformen. In: Willand, H. (Hrsg.): Sonderpädagogik im Umbruch. Berlin 1987. 117-138

BACH, H.: Analyse der Bildungs- und Sozialpolitik hinsichtlich behinderter Menschen in der Bundesrepublik Deutschland. In: Ellger-Rüttgardt, S. (Hrsg.): Bildungs- und Sozialpolitik für Behinderte. München, Basel 1990. 16-24

BACH, H.: Zusätzlicher Förderbedarf. Vierteljahresschr. für Heilpäd. und ihre Nachbargebiete 1993 (62) 137-143

BACH, H., PFIRRMANN, F.: Reform schulischer Förderung beeinträchtigter Kinder. Mainz 1994

BACH, H. u.a.: Sonderpädagogik im Grundriss. Berlin [15]1995 (1. Aufl. 1974)

BACH, H.: Begriffe im Bereich der Sonderpädagogik. Wegweiser und ihre Risiken. In: Opp, G., Peterander, F. (Hrsg.): Focus Heilpädagogik. München, Basel 1996. 36-44

BACH, H.: Diagnostik von Verhaltensstörungen unter pädagogischem Aspekt. In: Mutzeck, W. (Hrsg.): Förderdiagnostik bei Lern- und Verhaltensstörungen. Weinheim 1998. S. 227-242

BITTNER, W. u.a.: Schule und Unterricht bei verhaltensgestörten Schülern. In: Deutscher Bildungsrat (Hrsg.): Gutachten und Studien der Bildungskommission. Sonderpäd. Bd. 4. Stuttgart 1974. 13-102

BLEIDICK, U.: Pädagogik der Behinderten. Berlin [5]1984

BLEIDICK, U. (HRSG.): Theorie der Behindertenpädagogik. Handbuch der Sonderpäd. Bd. 1. Berlin 1985

BLEIDICK, U.: Betrifft Integration: behinderte Schüler an allgemeinen Schulen. Berlin 1988

BOPP, L.: Allgemeine Heilpädagogik in systematischer Grundlegung und mit erziehungspraktischer Einstellung. Freiburg/Br. 1930

BRACKEN, H. V.: Vorurteile gegen behinderte Kinder, ihre Familien und Schulen. Berlin [2]1981

BRAUNMÜHL, E. V.: Antipädagogik. Weinheim, Basel 1975

BREZINKA, W.: Erziehungsbegriffe. In: Roth, L. (Hrsg.): Handlexikon zur Erziehungswissenschaft. München 1976a. 128-133

BREZINKA, W.: Erziehungsziele, Erziehungsmittel, Erziehungserfolg. München 1976b

BREZINKA, W.: Grundbegriffe der Erziehungswissenschaft. München ⁴1981

BRUSTEN, M., HOHMEIER, J. (HRSG.): Stigmatisierung. Bd. 1. Neuwied 1975

BUNDESVEREINIGUNG LEBENSHILFE FÜR GEISTIG BEHINDERTE (HRSG.): Selbstbestimmung. Kongressbeiträge. Marburg 1996

DEUTSCHER BILDUNGSRAT: Empfehlungen der Bildungskommission: Zur pädagogischen Förderung behinderter und von Behinderung bedrohter Kinder und Jugendlicher. Bonn 1973

DEUTSCHER BUNDESTAG: Bundessozialhilfegesetz 1991 (1961)

DUMKE, D. (Hrsg.): Integrativer Unterricht. Weinheim² 1993

EBERWEIN, H. (Hrsg.): Behinderte und Nichtbehinderte lernen gemeinsam. Handbuch der Integrationspädagogik. Weinheim, Basel² 1990

EUROPÄISCHE GEMEINSCHAFTEN: Kommission: Behindertenstatistik. Luxemburg 1992

FEUSER, G.: Integration = die gemeinsame Tätigkeit (Spielen/Lernen/ Arbeit) am gemeinsamen Gegenstand/Produkt in Kooperation von behinderten und nichtbehinderten Menschen. Behindertenpäd. 1982 (21) 86-105

FRÖHLICH, A. (HRSG.): Pädagogik bei schwerster Behinderung. Handbuch der Sonderpäd. Bd. 12. Berlin 1991

GEORGENS, J.D., DEINHARDT, H.M.: Die Heilpädagogik mit besonderer Berücksichtigung der Idiotie und der Idiotenanstalten. 2 Bd. Leipzig 1861, 1863

GIESECKE, H.: Das Ende der Erziehung. Stuttgart 1985

HABERMAS, J.: Technik und Wissenschaft als 'Ideologie'. Frankfurt⁵ 1971

HAGMANN, T.: Heilpädagogik - ein schlankes Unternehmen? In: Hagmann, T. (Hrsg.): Heil- und Sonderpädagogik und ihre Nachbarwissenschaften. Luzern 1995. 13-26

HAHN, M.: Behinderung als soziale Abhängigkeit. München 1981

HANSELMANN, H.: Grundlinien zu einer Theorie der Sondererziehung. Zürich 1941

HAEBERLIN, U. u.a.: Die Integration von Lernbehinderten. Bern, Stuttgart 1990

HAEBERLIN, U.: Heilpädagogik als wertgeleitete Wissenschaft. Bern, Stuttgart, Wien 1996
HEESE, G., WEGENER, H. (HRSG.): Enzyklopädisches Handbuch der Sonderpädagogik und ihrer Grenzgebiete. 3 Bde. Berlin³ 1969
HEINRICHS, K.: Versuch einer wissenschaftstheoretischen Grundlegung der Heilpädagogik. Halle 1931
HELLBRÜGGE, T.: Unser Montessorimodell. München 1977
IBEN, G. (HRSG.): Das Dialogische in der Heilpädagogik. Mainz 1988
JANTZEN, W.: Sozialisation und Behinderung. Giessen 1974
JANTZEN, W.: Behinderung. In: Eyferth, H. u.a. (Hrsg.): Handbuch zur Sozialarbeit/Sozialpädagogik. Neuwied, Darmstadt 1984. 199-205
KANTER, G.: Lernbehinderungen, Lernbehinderte, deren Erziehung und Rehabilitation. In: Deutscher Bildungsrat (Hrsg.): Gutachten und Studien der Bildungskommission. Bd. Sonderpäd. 3. Stuttgart 1974. 117-233
KANTER, G.: Empirisch-analytisches Vorgehen in der Pädagogik. In: Thalhammer, M. (Hrsg.): Gefährdungen des behinderten Menschen im Zugriff von Wissenschaft und Praxis. Basel, München 1986. 80-85
KLAFKI, W. u.a.: Erziehungswissenschaft 2. Frankfurt, Hamburg ²1971
KLAUER, K.J.: Lernbehindertenpädagogik. Berlin⁵ 1977
KOBI, E.E.: Heilpädagogik als Herausforderung. Luzern 1979
KOBI, E.E.: Grundfragen der Heilpädagogik. Bern, Stuttgart⁴ 1983
KÜNKEL, F.: Jugendcharakterkunde. Schwerin 1930
KULTUSMINISTERKONFERENZ: Empfehlungen zur sonderpädagogischen Förderung in den Schulen in der Bundesrepublik Deutschland. Bonn 1994
KUPFFER, H. (HRSG): Erziehung verhaltensgestörter Kinder. Heidelberg 1978
LINDMEIER, CH.: Behinderung - Phänomen oder Faktum? Bad Heilbrunn 1993
LITT, TH.: Führen oder Wachsenlassen. Leipzig, Berlin 1927
MAIER, E.: Problematik der Zusammenarbeit in der Hilfe für das behinderte Kind. In: Hellbrügge, Th. (Hrsg.): Integrierte Erziehung. München, Berlin, Wien 1975
MÖCKEL, A.: Geschichte der Heilpädagogik. Stuttgart 1988
MOOR, P.: Heilpädagogische Psychologie. Bd. 1. Bern, Stuttgart ²1960

MOOR, P.: Heilpädagogik. Bern, Stuttgart 1965
MUTH, J.: Integration von Behinderten. Essen 1986
MUTZECK, W.: Kooperative Beratung. Weinheim 1996
NAGEL, H., SEIFERT, M. (HRSG.): Inflation der Therapieformen. Hamburg 1979
PASCAL, B.: Gedanken. 1670. Neue Aufl. Wiesbaden 1947
PECHSTEIN, J.: Sozialpädiatrische Zentren für behinderte und entwicklungsgefährdete Kinder. In: Deutscher Bildungsrat (Hrsg.): Gutachten und Studien der Bildungskommission. Sonderpäd. Bd. 6. Stuttgart 1975
PAESLACK, V.: Teamarbeit in der Rehabilitation. In: Jochheim, K.-A., Scholz, J.F. (Hrsg): Rehabilitation. Bd. 1 Gesetzliche Grundlagen, Methoden und Massnahmen. Stuttgart 1975. 32-37
POPPER, K.R.: Logik der Forschung. Tübingen [8]1984
RAUSCHENBACH, TH., STEINHILBER, H., SPÄTH, B.: Verhaltensauffällige und behinderte Kinder und Jugendliche. Der gesellschaftliche Umgang mit einem Problem. Materialien zum 5. Jugendbericht. München 1980
SANDER, A.: Die statistische Erfassung von Behinderten in der Bundesrepublik Deutschland. In: Deutscher Bildungsrat (Hrsg.): Sonderpäd. 1. Stuttgart 1973. 13-109
SCHALDACH, H. (HRSG.): Wörterbuch der Medizin. Stuttgart [6]1978
SCHLEE, J.: Über die Chimäre der Interdisziplinarität. In: Klein, G. u.a. (Hrsg.): Heilpädagogische Perspektiven in Erziehungsfeldern. Heidelberg 1982. 233-266
SCHLEE, J.: Helfen verworrene Konzepte dem Denken und Handeln in der Sonderpädagogik? Z. Heilpäd. 1985 (36) 860-891
SOLAROVÁ, S.: Therapie und Erziehung im Aufgabenfeld der Sonderpädagogik. Sonderpäd. 1971 (2) 49-58
SOLAROVÁ, S. (HRSG.): Geschichte der Sonderpädagogik. Stuttgart 1983
SPECK, O.: System Heilpädagogik. München, Basel 1987
THIMM, W.: Das Normalisierungsprinzip. Eine Einführung. Marburg 1984
WATZLAWICK, P. u.a.: Menschliche Kommunikation. Bern, Stuttgart, Wien [9]1996

# Stichwortverzeichnis

**A**
Ablesen von Sprache 94
Abweichung 14
Aktivierung 112
Aktivitätsform 51, 58
Alkoholismus 42
allgemeine Pädagogik **58**
Altenförderung 156
Alter 30
altersmässige Relativität 18
ambulante Einzelberatung
 und -anleitung 138
ambulante Gruppenberatung für
 Eltern 138
ambulante oder stationäre Förderung
 138
Anforderung 24
Anforderungen des Umfeldes **13**
Anspruch 21
Arbeitsverwaltung 159
Armut 47
Auffälligkeit 39
Aufgabenkomplexität 117
Aufgabenspezialisierung 117
Aus- und Fortbildung 127
Ausbildung 153
Ausbildungsberuf 142
Ausgrenzung 151
Ausländer 30
Aussageart 7
Ausstattung 136

**B**
Balance **27**, 47, 68, 73
Balancemangel 30
Balanceverlust 29, 45
Bedarf 49, 50, 53
Bedarfsfeststellung 54
Bedarfslage 43

Bedingung 11
Bedingungen des Erlebens und
 Verhaltens 12, 13
Bedürfnis 49, 53
Beeinträchtigung 2, 15, **27**, 34
Beeinträchtigungsdominanz 157
Befindlichkeit 17, 31, 76, 124, 151,
 152
Beförderungsgegebenheit 136
Begleitdiagnostik 136
Begriff 7
Begriffsinflation 34
Behinderte 2
Behindertenfachrichtung 3
Behindertenpädagogik 1, 3
behindertenspezifische Alltags-
 technik 143
Behindertenverein 143
Behindertenwohnheim 131
Behinderung 35, **36**, 37, 40, 43, 44
Behinderungsform 15
Belastung **21**, 23, 33, 40
Benachteiligung 19, 33, 40
Benotung 150
Beratung 79, **103**, 135
Beratungsstelle 138
Berufserziehung 156
Berufsunreife 26
Besonderheit von Problemlagen **30**
Beurteiler 11
Beurteilungsmassstab 11
Bevormundung 54
Bewegungsübung 53
Beziehung **105**, 106
Beziehungsbedingung 106
Beziehungsfähigkeit 106
Bildung 66
Bildungskommission des DEUT-
 SCHEN BILDUNGSRATES 36

Bildungsunfähigkeit 26, 38
Blindenschrift 94
Blindheit 94
Bundessozialhilfegesetz 36, 40

**C**
Chancengerechtigkeit 26
Chancengleichheit 26

**D**
Defekt 117
Desintegration 149
DEUTSCHER BILDUNGSRAT 40, 48, 50, 137
Diagnostik 68, **86**, 87, 88, 89, 125, 157
Dialog 9, 70, 130
Differenziertheit der Organisationsformen 132
Differenzierung 132, 133, 146, 149, 152
Diplompädagoge/Diplompädagogin 137, 158
Diskriminierung 76, 134
Dominanz 29, **32**, 33
Dressate 22

**E**
Effektivität 114
Einzelförderung 134
Einzelunterricht 134
Eltern 135
Elternbrief 139
epochale Relativität 18
erforderliche Massnahme 125
Erkrankung 42
Erlebens- und Verhaltensbedingung **18**
Ersatzfunktion 74, 94
Erwachsenenbildung 133
Erwachsenenerziehung 156
Erwartung 21
Erzieher/Erzieherin 50, 136, 137
Erziehung 59

Erziehungsideal 65
Erziehungsphilosophie 7, 69
Erziehungswissenschaft 8
Erziehungsziel 65
Erziehungszweck 66
Ethik 62
ethnische Relativität 18
Euthanasiedebatte 112

**F**
Fachkompetenz 136
Fachpersonal 148
Fachrichtungsschwerpunkt 157
Fachschwerpunkt 157
Förderarbeit 148
Förderausschuss 146
Förderbedarf 45, **53**, 54, 55, 89
Förderdiagnostik 90
Fördereinrichtung 54
Fördererziehung 137
Fördergruppe 134
Förderheim 134
Förderkind 150
Förderklasse 134
Förderkurs 133
Förderpädagogik 1
Förderplan 91
Förderstunde 133, 153
Förderung 2, 148
Förderzentren 135
Freizeiterziehung 156
Frühberatungsstelle 138
Frühdiagnostik 138
Früherziehung 156
funktionale Erziehungsberatung 134
Funktion 14
Funktionsreserven 94
Funktionsreste 93

## G

Ganztagsangebot 140
Gebrechen **37**
Gefährdung 35, **40**, 41, 44, 61
Gehörlosigkeit 94
Geistigbehinderte 15
geistige Behinderung 15, 101
genetisch Gegebenes 13
gesellschaftliche Bedingung 20
gesellschaftliche Einflussform **25**
gesellschaftliche Einstellung 25
gesellschaftliche Norm 26
gesellschaftliche Rolle 26
gesellschaftlicher Sachzwang 27
gesellschaftliches Motiv 25
Gesellschaftsbeeinflussung **98**
Gesellschaftspolitik 79
Gesundheitspolitik 159
Grade von Beeinträchtigungen **34**, 43
Grosseinrichtung 155
Grundfrage 6
Grundgegebenheiten **11**
Grundkomponente 12, 13, 24, 74
Grundschullehrer/-lehrerin 136

## H

Haltung **105**, 107, 108, 153
Handlungsform **85**, 86
Häufigkeit von Beeinträchtigungen **45**, 47, 48
Hauptschullehrer/-lehrerin 136
Hausberatung 139
Hauserziehung 156
Hausfrüherziehung 134, 138
Hausunterricht 134, 140
Heilerziehung 1
Heilpädagogik 1
Heilung 1, 2
Heim 144
Heimerzieher/Heimerzieherin 136
Heterogenität 149, 150
Hochschule 142
Homogenität 150
Hörerziehung 74

## I

Ich-Schwächung 120
Identifizierung 71
Individualdiagnostik 87
individuale Disposition 12, **13**
Individualisierung 132, 133, 149
Informationsschock 100
inhaltliche Bestände 14
institutionelle Erziehungsberatung 134
Integration **80**, 81, 100, 113, 131, 142, **145**, 147, **148**, 152
Integrationsbereitschaft 83
Integrationsfähigkeit 83
Integrationskind 150
Integrationsklasse 137, 152
Integrationspädagogik 1, 147, 152
Intelligenzförderungsprogramm 93
Intelligenzquotient 49
Intention 65
interdisziplinäre Kooperation 125
Interdisziplinarität 126, 127, 129
Interesse 54, 71
Interessenlage 8, 51, 66, 67, 68, 80, 90
Intervention 115
intradisziplinäre Kooperation 124
Irrationalität 84
Irritation 11
Isolationsschaden 82, 146
Isolierung 44, 76, 77, 80, 82, 134
Ist-Aussagen 7, 8

## K

Kindergarten 139
Kindertherapie 134
Klassenmesszahl 153
Klassenwiederholung 134
Klassifizierung 17
Klient 119
Kommunikation 113
Kompensation **94**, 95, 96, 114
Komplexität **32**, 113, 152
Kooperation 113, **123**

Körperbehinderte 15
Körperbehinderung 15, 17
körperliche Konstitution 13
Krankheit **37**
Kränklichkeit 40, 41
Kulturpolitik 159

**L**

Laie 129
Laienmitarbeit 100, 142
Lebensstufe 156
Legitimation 53
Legitimation der Sonder-
  pädagogik **52**
Lehrerausbildung 56
Lehrer-Schüler-Relation 153
Lehrerstelle 56
Lehrkraft 50, 135
Leiden **37**
Leiden des Umfeldes 31
Leidensdruck 31
Leistungsfaszination 25
Leit- oder Richtziel 65
Leitbild 65
Lernbehinderte 15, 143
Lernbehinderung 15, 29
Lernprobleme 47
Lerntherapie 122
Lernziel 65, 152

**M**

mangelnde Balance 27
Medizin 59, 158
Menschenbilder 65
Methodenpluralität 118
Methodenspezialisierung 118
Mitleid 26, 81
Mobilitätstraining 52
Modelllernen 146
Modifikationen von Verhalten 115
Multiplikator 99

**N**

Nachbardisziplin **57**
Nachhilfeunterricht 134
Niveaukurs 134
Normalisierung 74, 121
Normalisierungsprinzip 122
Normalität 75, 92
Normalitätsfaszination 25
Normalitätsorientiertheit 114
Normendiagnostik 88
Normenreflexion 121
Normensicherheit 121
normwidrige Anforderung 21, 22

**O**

Obdachlose 30
Öffentlichkeitsarbeit 101, 105, 157
Organisationsform 131
Orthopädagogik 1

**P**

Pädagogik 1, 2
Pädiatrie 60
Paradigma 27
partnerschaftliche Kooperation 128
Pausen- und Ruhezeit 132
Philosophie 62
Pluralismus 84
Pluralität 125
Prävention 42, **96**, 112, 114
Problemoffenheit 111
Problemstellung 11
Prognose 45, 92, 94
Prognostik 126
Projektion 107
Prozess **44**
Prozessverlauf 45
Psychiatrie 60
Psychologie 62, 158
Psychotherapieheim 134

## R

Rauschgiftsucht 42
Rechtschreibtherapie 117
Rechtsgleichheit 56
Reduktion 113
Regelanspruch 16
Regelbedarf 56
Regelbedingung 16
Regelinstitution 131
Regelpädagogik **4**, **5**, 50
Regelschule 149
Regelschullehrkraft 148
Regelzentren 153
Rehabilitation 158
Rehabilitationspädagogik 1
Relationalität 28, 29, 46
Relationalitätstheorie **29**
Relativität 42
Relativität von Sonderpädagogik **48**
Richtigkeitsvorstellung 11
Risikofaktor 40
Risikokind 41, 43
Rollenhierarchie 119

## S

Sammelzentren 154, 155
Schaden **14**, 15, 16, 17, 18, 33
Schäden der Disposition 16
Schäden der individualen Disposition 33
Schäden im funktionellen Bereich 16
Schäden im inhaltlichen Bereich 16
Schulbesuchszeit für schwerer behinderte Kinder 140
Schule 140
Schulpflicht 56
Schulsonderturnen 137
Schulunreife 26
schwerste geistige Behinderung 132
Sehschwäche 16
Sekundarstufe II 142
Selbst 17, 29
Selbstbestimmung 81
Selbstverwirklichung 72, 82
Selektion 151
Separierung 149
Sinnangebot 75
Sinnhorizont 75
situative Relativität 18
Soll-Aussage 7, 8
Sollensnorm 122
Sondererzieher/Sondererzieherin 158
Sondererziehung 1
Sondererziehungshelfer/Sondererziehungshelferin 158
Sonderkind 150
Sonderpädagoge/Sonderpädagogin 137
Sonderpädagogik **1**, **2**, **4**, 5, 9, 11, 30, 50, 59, 61, 76
sonderpädagogische Ausbildung 95
sonderpädagogische Beratung 135
sonderpädagogischer Förderbedarf 57
Sonderschule 131, 135, 140, 141, 151
Sonderschule für Lernbehinderte 150
Sonderschulkind 150
Sonderschullehrer/Sonderschullehrerin 158
Sonderschulpädagogik 4
Sonderschulwesen 149
Sozialarbeit 158
soziale Relativität 18
Sozialpädagogik **61**, 98
Sozialpolitik 60, 159
Soziologie 60, 158
Spastizität 101, 102
Spezialerziehung 1
Spezialzentren 154
Spezifikation 113
Spracharmut 42
Sprachbeeinträchtigung 126
Sprachheilheim 134
Sprachstörung 39

Stammelfehler 124
stationäre Einzel- und Gruppenberatung 138
Statussicherung 120
Stigmatisierung 44, 45, 77
Stigmatisierungsfolge 20
Störung 35, **38**, 40, 44
Studienrat/Studienrätin 136
Stufenschwerpunkt 156
subjektive Relativität 18
subsidiär 48
Substitution **93**, 96, 114
Subvention **101**, 114
Sündenbockfunktion 26
System 27
systematisches Vorgehen 6
Systematisierung 7

**T**
Tätigkeitsregelung 114
Techniken 86
Teilleistungsschwäche **34**, 124
Teilleistungsstörung 34
telefonische Zwischenberatung 139
Teleologie 62
temporäre Relativität 18
therapeutische Erziehung 1
Therapie **115**, 116

**U**
Überforderung 21, 22
Überprüfung der Wirksamkeit 57
Umfeldanforderung **21, 78**
Umfeldanforderungen/Erwartungen 12

Umfelddiagnostik 87
Umschulungskurs 143
Unerziehbarkeit 26
Unterforderung 21, 22

**V**
Veranlagung 13
Verband 159
Verfahren 86
Vergemeinschaftung 149
Verhalten 11
Verhaltens- und Erlebensdisposition **13**
Verhaltensstörung 39
Verhaltenstherapie 117

**W**
Werkstatt für Behinderte 131
Wert 66
Wertentscheidung 51, **68**, 90
Wertorientierung **51**, 52
Wissenschaftlichkeit 7, 8
Wohltätigkeit 26

**Z**
Zentren **153**
Zeugnis 150
Ziel der Sonderpädagogik **65**
Zielbestimmung 70
Zielermittlung **69**
Zumutung 54
Zurückstellung 140
zusätzlicher Förderbedarf 57

Prof. Dr. Urs Häberlin
**Allgemeine Heilpädagogik**

«Beiträge zur Heil- und Sonderpädagogik»   Band 1
5. Auflage, 92 Seiten, 4 Schemen
kartoniert Fr. 16.50 / DM 19.50 / öS 143.–
ISBN 3-258-05805-9

Die Einführung in die Allgemeine Heilpädagogik ist charakterisiert durch Verdichtung auf Wesentliches, durch Mut zu Lücken und durch Verwendung einer klaren und einfachen Sprache. Heilpädagogik wird synonym zu Sonderpädagogik und Behindertenpädagogik verwendet; die Einführung ist deshalb auch bei dieser Begriffsorientierung geeignet.
Besonderes Gewicht wurde bei der Konzeption darauf gelegt, dass der von der Praxis herkommende Leser Bedeutung und Besonderheiten des theoretischen Denkens erkennen kann. Ein Charakteristikum erweist sich deshalb darin, dass Fragen nach dem Verhältnis zwischen Theorie und Praxis, nach der Wertfreiheit von Wissenschaft und nach kontroversen wissenschaftstheoretischen Positionen ein verhältnismässig breiter Raum gegeben wird. Ein Teil dieser Allgemeinen Heilpädagogik versteht sich als wissenschaftstheoretisches Propädeutikum. Andere Teile befassen sich mit dem Definitionsproblem, mit allgemeinen Aspekten von Behinderung, mit der Geschichte der Heilpädagogik und mit klassischen Ansätzen zu Theorien der Heilpädagogik. Dabei wird auf Vollständigkeit absichtlich verzichtet und zum Zweck des Lückenfüllens die Lektüre anders konzipierter Einführungstexte empfohlen.
Im letzten Kapitel wird das Konzept einer Heilpädagogik als wertgeleitete Wissenschaft umrissen. Erste Antworten auf die Frage, von welchen Wertentscheidungen Heilpädagogik geleitet sein soll, bilden die Überleitung zum zweiten Band dieser Einführung, der sich dann auf die Wertfragen und die Frage nach dem Menschenbild konzentrieren wird.

Verlag Paul Haupt Bern · Stuttgart · Wien

Dr. Barbara Zollinger

**Spracherwerbsstörungen**

Grundlagen zur Früherfassung und Frühtherapie

«Beiträge zur Heil- und Sonderpädagogik»   Band 5
5. Auflage, 158 Seiten
kartoniert Fr. 28.– / DM 34.– / öS 248.–
ISBN 3-258-05574-2

Wenn zweijährige Kinder nicht oder nur wenige Wörter sprechen, beschäftigt dies Eltern, Kinderärzte, Psychologen, Heilpädagogen und Logopäden.
Für alle steht die Frage nach dem Zeitpunkt und den Formen heilpädagogischen Handelns im Mittelpunkt.
Anhand einer detaillierten Beschreibung der Prozesse, welche den Spracherwerb bestimmen, liefert dieses Buch eine Grundlage für die individuelle Erfassung und Therapie frühkindlicher Spracherwerbsstörungen.
Neue Literatur- und Forschungsergebnisse der Entwicklungspsycholinguistik werden erstmals aus klinischer Sicht dargestellt, mit Beobachtungen aus der Praxis verbunden, ergänzt und kritisch reflektiert. Dem Wissenschaftler liefert dieses Buch Einsicht in die Dynamik von Spracherwerbs- und Interaktionsstörungen, dem Praktiker zeigt es Möglichkeiten entwicklungsorientierten Denkens, Forschens und Handelns auf.

Verlag Paul Haupt Bern · Stuttgart · Wien